# 五年制高等职业教育
# 会计专业人才培养研究与实践

杨 昕 著

苏州大学出版社

图书在版编目(CIP)数据

**五年制高等职业教育会计专业人才培养研究与实践**/杨昕著.—苏州:苏州大学出版社,2020.10
ISBN 978-7-5672-3324-9

Ⅰ.①五… Ⅱ.①杨… Ⅲ.①高等职业教育-会计-人才培养-研究-中国 Ⅳ.①F233.2

中国版本图书馆 CIP 数据核字(2020)第 185389 号

**五年制高等职业教育会计专业人才培养研究与实践**
杨 昕 著
责任编辑 施小占
助理编辑 曹晓晴

苏州大学出版社出版发行
(地址:苏州市十梓街1号 邮编:215006)
镇江文苑制版印刷有限责任公司印装
(地址:镇江市黄山南路18号润州花园6-1号 邮编:212000)

开本 700 mm×1 000 mm 1/16 印张 14.75 字数 240 千
2020 年 10 月第 1 版 2020 年 10 月第 1 次印刷
ISBN 978-7-5672-3324-9 定价:45.00 元

若有印装错误,本社负责调换
苏州大学出版社营销部电话:0512-67481020
苏州大学出版社网址:http://www.sudapress.com
苏州大学出版社邮箱:sdcbs@suda.edu.cn

# 前 言

　　五年制高等职业教育是我国职业教育的重要组成部分，它将中等职业教育与高等职业教育相贯通，通过对初中毕业生进行五年一贯制培养，使他们成为具有较高文化素养和较强专业技能的高素质技术技能型人才。从理论上讲，五年制高等职业教育的优势在于能整体设计学生的知识、能力和素质结构，统筹安排中高等职业教育的课程体系，使毕业生的实践操作能力比普通本科生强，知识结构和能力素养比普通中职生优。但是，五年制高等职业教育诞生时间晚，人才培养模式还处于摸索阶段，截至目前，"五年一贯"的特色、优势尚未充分体现。五年制高等职业教育会计专业人才培养模式也同样如此，在课程体系、教学模式、评价方式等方面仍存在一些问题，需要进一步改进优化。

　　本书的特色主要体现在以下几点：

　　第一，有实践基础。本书立足于常州刘国钧高等职业技术学校五年制高等职业教育会计专业十余年的育人实践，是对其取得的丰硕育人成果进行的系统梳理和总结。目前，学校已建成江苏省现代化会计专业群、江苏省五年制高等职业教育会计品牌专业、江苏省财会高水平示范性实训基地，师生获得全国及省市财会类技能大赛的金牌数位列省内第一方阵，用人单位对毕业生的满意度接近98%。本书的研究与实践可为广大的职业教育一线教师和教学管理团队提供借鉴。

　　第二，有理论凝练。常州刘国钧高等职业技术学校在五年制高等职业教育会计专业人才培养中坚持边研究、边实践、边总结、边提升的教学方式，成立课题组研究完成该领域相关的省级以上科研项目和教学成果多项，主要有"会计专业'双轮驱动，四阶递进'实训课程体系的构建研究""技能大赛对职业学校会计专业建设的影响研究""五年制高等职业教育学生生命教育研究"等。本书是对常州刘国钧高等职业技术学校五年制高等职业教育会计专业人才培养实践的理性思考和成果提炼。

第三，有创新亮点。本书契合了新时代对高等职业教育人才培养的新要求，提出了诸多新观点。在立德树人上，提出了"职业生命教育"；在实训课程体系上，提出了"双轮驱动，四阶递进"；在教学模式上，提出了"做学教合一"。

本书共分为理论研究篇和实践成果篇两个部分。第一部分理论研究篇以专题形式展现，共分为4个专题。专题1在对五年制高等职业教育会计专业课程教学现状进行分析的基础上，阐述了会计专业"双轮驱动，四阶递进"实训课程体系的内涵和构建要求及途径。专题2对传统的"教学做"模式加以重构，形成"做学教合一"教学模式，重点阐述了对该模式的实践探索。专题3对技能大赛和会计专业建设的融合进行了专题研究，对"技能大赛"这一热点做了理性思考，肯定其对会计专业建设的正向作用，深入分析了两者的关联性，提出了互融共进的创新举措。专题4围绕"会计专业学生自主发展的职业生命教育"展开，有调查数据支撑，有实施策略指导。第二部分实践成果篇介绍了基于常州刘国钧高等职业技术学校五年制高等职业教育会计专业人才培养的相关研究成果，以供参考。

本书在编写过程中参阅了国内外相关理论研究成果，得到职教界多位专家的指导，在此一并表示感谢。同时感谢苏州大学出版社的大力支持。

由于时间仓促，作者学术水平有限，书中难免存在不当之处，敬请各位读者批评指正。

杨 昕

2020年8月10日

# 第一部分 理论研究篇

▶ **专题1 会计专业"双轮驱动,四阶递进"实训课程体系的构建**

一、五年制高职会计专业课程教学现状分析 / 4

二、构建五年制高职会计专业实训课程体系的意义 / 6

三、会计专业"双轮驱动,四阶递进"实训课程体系的内涵 / 7

四、构建会计专业"双轮驱动,四阶递进"实训课程体系的总体要求 / 9

五、构建会计专业"双轮驱动,四阶递进"实训课程体系的主要途径 / 10

六、会计专业"双轮驱动,四阶递进"实训课程体系实施的思考 / 29

▶ **专题2 会计专业课程"做学教合一"教学模式的探索**

一、"做学教合一"教学模式的研究背景 / 33

二、实施"做学教合一"教学模式的必要性 / 34

三、"做学教合一"教学模式的相关概念界定 / 35

四、构建"做学教合一"教学模式的实践探索 / 37

五、"做学教合一"教学模式实施的思考与展望 / 55

▶ **专题3　会计专业建设与技能大赛有效融合的实践研究**

一、技能大赛与会计专业建设的互动关联分析 / 61

二、国内外对技能大赛的功能与价值取向研究现状 / 62

三、技能大赛背景下会计专业建设的理论依据和建设思路 / 64

四、技能大赛对会计专业教育的促进作用探析 / 66

五、技能大赛背景下会计专业建设的实践 / 67

▶ **专题4　会计专业学生自主发展的职业生命教育实践**

一、职业生命教育的现实与理论依据 / 83

二、学生自主发展的职业生命教育的切入点 / 85

三、高职会计专业实施职业生命教育的调查 / 86

四、高职会计专业学生职业生命教育的目标、特点和原则 / 88

五、高职会计专业学生职业生命教育内容体系的构建 / 91

六、探索高职会计专业实施职业生命教育的实施路径 / 93

七、高职学校实施职业生命教育的有效策略 / 98

八、职业生命教育探索的结论、成效与问题 / 99

# 第二部分　实践成果篇

**成果1**　"会计基本技能"课程标准 / 107

**成果2**　"电算化会计核算实施与维护"课程标准 / 112

**成果3**　"企业经营认知与流程项目实训"课程标准 / 117

**成果4**　"会计基本核算技术"课程标准 / 122

**成果5**　"基础会计"课程标准修订方案 / 129

**成果6**　"手工点钞——单指单张点钞技巧训练"课程教学设计 / 156

**成果7**　"平行登记"微课教学案例 / 163

**成果8**　会计专业现代化职业教育项目建设案例 / 170

**成果9**　江苏省财会高水平示范性实训基地建设成效总结 / 187

**成果10**　常州刘国钧高等职业技术学校会计专业群设置调研报告 / 195

**成果11**　五年制高职会计专业实施性人才培养方案（修订稿）/ 210

# 第一部分
## 理论研究篇

# 专题 1 会计专业"双轮驱动，四阶递进"实训课程体系的构建

## 开篇语

实训课程是职业院校培养学生实践能力和职业技能的重要载体，是职业院校教学体系的重要组成部分，是职业教育与普通高等教育相区别的最鲜明的特征之一。五年制高等职业教育会计专业（简称"五年制高职会计专业"）实训课程体系的构建要以立德树人为根本，以服务发展为宗旨，以促进就业为导向，遵循技术技能型人才成长规律，尊重学生认知特点，科学设置五年一贯制各阶段实训课程内容；要建立评价主体多元、方式多样的评价体系，重视过程性评价和形成性评价，对接职业资格标准，注重综合实践能力培养。本专题既立足于五年制高等职业教育会计专业课程的现状，总结会计课程发展中的经验得失，又着眼于会计行业发展对人才知识结构、能力结构的要求，设计会计职业能力培养路径：采取"品牌专业+优质企业"紧密合作的方式，实现校企"双主体"培养；依据会计岗位的工作流程和任务，科学整合和细化知识、技能和能力模块，构建在时间上全程化、结构上层次化、形式上多元化的会计专业"双轮驱动，四阶递进"实训课程体系。

## 一、五年制高职会计专业课程教学现状分析

五年制高等职业教育是江苏省高等职业教育的一道亮丽风景线，经过多年的探索与创新，江苏省五年制高职会计专业已经为社会输送了大量高素养的技术技能型人才，对中高职教育的有效衔接和提升职业教育质量做出了积极的贡献。但是，五年制高职会计专业办学时间比较短，专业特色并不明显，课程改革还处于改革与创新的探索阶段，仍然存在一些亟须解决的问题。如何把会计专业办得既区别于三年制高职高专又区别于中专，具有鲜明的五年制高职特色，是需要深入探索和突破的课题。五年制高等职业教育的实训课程是职业教育与普通高等教育相区别的最鲜明的特征之一，是职业学校教学体系的重要组成部分。江苏省教育厅《关于江苏省高等职业教育课程改革与建设的实施意见》（苏教高〔2008〕15号）中指出：高职课程体系的构建和优化要正确处理培养学生高素质和高技能型的关系，正确处理培养学生专项操作性技能和综合职业能力的关系，正确处理培养学生职业岗位的针对性和职业岗位的迁移能力的关系，正确处理培养学生技术应用能力和创新能力的关系。

培养学生的实践技能和职业素养，是高等职业教育培养高素质技术技能型人才的重要任务之一。近年来，各个职业学校会计专业纷纷进行了一些改革，修订专业人才培养方案，调整实训课程，着力构建新的课程体系，但由于办学理念、师资力量、办学经费等方面的限制，实训课程体系的改革进程缓慢，总体改观甚微，主要存在以下几个方面的问题。

1. 传统教学观的束缚：注重"教"，而不是注重"做"与"学"

江苏省绝大多数的五年制高等职业技术学校是由职业高中或职业中专重新改造、升格而来的，"灌输式"的传统教学模式仍占据中心地位，教学中仍然以"教师"为中心，主要关注教师如何"教"好课，而忽视了学生如何"做"和怎么"学"的问题。主要表现在：

第一，五年制高等职业技术学校招收的是初中毕业后的学生，他们年龄较小，对社会经济现象和企业经营活动的理解比较有限。许多教师重"理论"、轻"实务"，进行"独角戏式"的理论讲解，教学内容脱

离了企业的真实情况，如业务举例不连续、不完整，仅用文字描述企业经济活动及要求学生死记硬背会计分录等情况普遍存在，学生未能真正领会相关概念和原理的内涵，以致一些"高分"学生在处理企业真实业务时也是"一脸茫然"。

第二，当前信息化进入课堂，但是许多教师主要以播放微课和PPT课件来辅助教学，课堂上按照预设的流程显示教师的思维结果，学生处于被动学习状态。微课和PPT课件知识传输的结果性和单向性削减了教师与学生的思维交流和情感互动，抹杀了课堂的动态生成，使其沦为了现代"灌输式"教学的工具。

第三，由于受到教师实务能力及实训条件的限制，许多学校取消了课程设置中"ERP模拟企业经营"等实践类项目的实训安排，削弱了对学生学习能力和实践能力的培养。这种以教师为主体的"灌输式"教学模式难以引导学生的思维，激发学生的激情与灵感，教学效果也大打折扣。

2. 人才培养目标的偏离：功利主义的教育倾向，背离了职业教育的本质

全国和省市的职业院校会计专业技能大赛是检阅学生岗位通用技术和专业素养的重要平台，已成为职教发展的风向标。许多学校为了获得优异成绩，在学生入校的第一年就开始选拔学生进行训练备赛。为选出"精英"选手，一些学校完全按照技能大赛的考核要求对会计专业实施性人才培养方案做出调整，改变专业基础课程开设的时间及顺序，将人文素质选修课的教学内容改为专业课，改变高职一、二年级的技能教学项目，过分强调点钞、五笔录入、珠算等大赛考核的单一技能训练，忽视了对学生岗位综合能力和会计职业判断能力的培养。此外，个别学校为了提高会计类相关资格考试的通过率，随意更换授课内容，将"会计基本核算技术"课程上成"基础会计"课程，将"经济法"课程上成"财经法规与会计职业道德"课程。这种急功近利思想的出现，违背了职业学校学生的认知规律，陷入了"应试教育"的另类怪圈，在一定程度上偏离了五年制高职会计人才的培养目标。

3. "双师型"教师队伍建设的困局：数量表面达标，而质量堪忧

五年制高等职业教育会计专业人才培养的质量要提高，必须要建设

一支既具有较强专业理论知识，又具有过硬实务操作能力的"双师型"教师队伍。然而，目前职业院校在"双师型"教师的认定标准上缺乏规范性和统一性，大都以"双职称""双证书"作为主要的界定标准，普遍忽视对教师实务操作能力和企业工作经历的考评，造成"双师型"教师出现"数量表面达标，而质量堪忧"的尴尬现象，主要有以下表现：

第一，目前职业教育的师资来源主要是普通高校的毕业生，他们受到大学教育重"学术"、轻"技术"，重"概念"、轻"能力"的影响，普遍存在专业技能较弱和操作能力不强的短板，只会"纸上谈兵"，在短时间内难以较好地胜任以能力为本位的会计职业教育。

第二，通过公开招聘，从企业引进的教师，虽然具有较好的专业技术资质和工作实践经验，但是他们在承担了学校教育教学的各项繁重工作后，已逐渐脱离企业一线工作岗位，不再接触会计行业发展的前沿知识，不能及时了解企业最新的岗位能力要求，面临专业技能老化问题，其"双师"素质难以达到学校的预期。

第三，来自企业的具有丰富实践经验的外聘兼职教师，虽然在会计实务类课程教学方面具有独特优势，但是由于他们对职业教育的特点了解不多，缺乏教育教学的基本方法与策略，很少参加专业教研活动，课后与师生的交流沟通也极少，加上学校对外聘教师的聘任及管理机制不健全等因素，导致外聘教师的课堂教学枯燥乏味，难以激发学生的兴趣，教学活动的实效性普遍较差，未能真正发挥企业能工巧匠的积极作用。

总之，实训课程体系改革是一项十分复杂的系统工程，它是五年制高等职业教育人才培养的关键，因此，课题组一方面要立足于会计专业课程的现状，不断总结五年制高等职业教育课程发展中的经验得失，另一方面又要着眼于经济社会对人才知识结构、能力结构的要求，促进实训课程体系结构的整体优化，更新教学内容，以此增强学生的社会适应性。

## 二、构建五年制高职会计专业实训课程体系的意义

江苏省五年制高职会计专业办学时间短，特色不明显，人才培养处于改革与创新的探索期。如何把会计专业办得既区别于三年制高职高专

又区别于中专，具有鲜明的五年制高职特色，是需要深入探索和突破的课题。构建具有五年制高职特色的实训课程体系，将促进五年制高职教育的科学健康发展，对学校会计专业建设有极大的促进作用，并且对同类院校财经类专业建设的进一步发展具有很强的现实指导意义。

1. 促进"工学结合，校企合作"人才培养模式的改革

"工学结合，校企合作"模式未真正融入会计人才培养的全过程，教学内容不能适应不断变化的企业管理实践，主要表现在：一是学校教育与企业教育结合不紧密，培养学生实际工作能力的实训课程受到轻视；二是学校和企业均表现出动力不足，会计专业不同程度地存在"关门办学"的倾向。课题组提出的校企"五共合作"举措，将促进人才培养模式的改革。

2. 改变"师授生受"的传统教学观，促进"教"与"学"方式的变革

江苏省绝大多数的五年制高等职业技术学校是由职业高中或职业中专升格而成，"灌输式"教学观仍占据中心地位，教学活动的设计与组织强调以教为中心，忽视发挥学生在学习过程中的自主性、主动性与创造性。课题引入"做学教合一"理念，将课程从学科教学的思维中剥离，促使学生学习方式和教师教学方式的改变。

3. 有利于培养技术技能型人才所需的"复合能力"

传统实训教学强调的是对已有知识的教学和验证，重视技能传授，忽视知识整合、意义建构及将知识和技能内化为学生的能力与素质，致使学生知识面窄、适应性差。把实训教学以"阶梯"上升的形式贯穿于教学过程，有利于培养学生的"复合能力"：既包括知识的应用能力，又包括技术革新的能力。

## 三、会计专业"双轮驱动，四阶递进"实训课程体系的内涵

1. 会计专业

本课题研究的是实施中的高职贯通培养的五年制高职会计专业，它是在研究财务活动和成本资料的收集、分类、综合、分析和解释的

基础上形成协助决策的信息系统，以有效地管理经济的一门专业。该专业既区别于以培养理论型、学术型人才为目的的普通高等教育会计专业，也有别于学制较短、技能训练系统化相对较弱的三年制高职教育会计专业。

2. 双轮驱动，四阶递进

"双轮驱动，四阶递进"是指采取"品牌专业+优质企业"深入合作的方式，发挥学校省级品牌专业的独特资源和地方优质企业的专业优势，实现校企"双主体"培养，即以"校内实训教学"模块为一轮驱动，采用"做学教合一"教学模式，设计"单项技能→应用实训→岗位实训→综合实训"由易到难的"四个阶梯"教学模块；以"企业创新实训"模块为另一轮驱动，产教融合，设计"认识实习→企业调研→业务咨询→顶岗实习"逐层递进的能力培养的"四个阶梯"。

3. 实训课程体系

实训课程体系是指在一定的教育价值理念指导下，将实训教学活动中的各个构成要素加以排列组合，使各个课程要素在动态过程中统一指向课程体系目标实现的系统。它是五年制高职教学体系的重要组成部分，应体现"长学制"培养方式下的五年制高职发展型、复合型和创新型技术技能型人才培养的独特鲜明特征。

该体系通过校企共设实训课程、共构教学模式、共编实训教材、共建实训基地、共培"双师"教师"五共合作"举措，培养学生的会计业务处理、团队协作、会计职业判断和岗位适应等能力，全面提升人才培养质量。该体系的构建应达成以下目标：一是通过构建在时间上全程化、结构上层次化、形式上多元化的会计专业"双轮驱动，四阶递进"实训课程体系，形成"做学教合一"的教学模式，注重理实结合和知行合一，改变单向的"师授生受"的教学方式。二是培养学生的实践能力、创新能力和职业素养，促使教师不断学习职教新理念、改进教学方法，创造性地实施课堂教学策略。三是提高会计专业教师的双师素质，帮助学生树立学习自信心，养成良好的学习习惯，提高自主学习的能力，形成有效的学习策略，让学生学会学习，主动实践。四是促进学校完善构建实训课程体系所必需的支撑系统，增强专业建设的内涵。

## 四、构建会计专业"双轮驱动,四阶递进"实训课程体系的总体要求

会计专业"双轮驱动,四阶递进"实训课程体系的构建,要增强课程体系的灵活性和弹性,使其适应行业和社会对人才规格多变的需求;要深入探究"双轮""四阶"之间的有机联系,发挥其协同效应,提高学生就业上岗和职业变化的适应能力;要研究"做学教合一"理念下,教学模式、教学方法、学生评价机制的改革,建立以培养学生职业能力为中心的实训课程体系,真正转变以课堂、教材为中心的传统教学模式。其构建主要有以下路径。

1. 五年制高职会计专业人才需求调研

通过毕业生调查、岗位职业能力要求的调研、交流、考察等,对会计专业学生就业的相关岗位能力进行细化与分解,制成岗位职业能力分解表;研究会计专业学生实践能力的培养方法与途径,形成人才需求调研报告。

2. "双轮驱动,四阶递进"实训课程体系的构建研究

根据人才培养目标,采取"品牌专业+优质企业"紧密合作的方式,实现校企"双主体"培养,发挥学校省级品牌专业的独特资源和地方优质企业的专业优势。如学校与常州天越会计师事务所、中国工商银行常州分行、常州华鼎会计服务有限公司等优质企业形成紧密合作关系。

3. 实训课程"做学教合一"教学模式、学生评价体制和典型案例研究

学习和借鉴国内外先进的"做学教合一"理念,对传统的"教学做合一"教学模式进行创新和重构,主张"做"字当头,"学"贯始终,相机而"教",即根据职业学校学生的特点,从实际操作入手开展教学,将多种教学方法有机整合,按项目加案例的模式安排教学内容,使教学与工作有机地结合为一体,通过任务驱动法,在"做中学,学中做,学中教",探索和实践以"能力本位、实践主线、项目引领、任务驱动"为特色的实训课程"做学教合一"教学模式、学生评价体制和典型案例,促进学生全面发展。

#### 4. 实训教学资源的开发研究

依托合作企业，对应就业领域、从业资格、职业能力、通用职业素养等优化培养目标，进行相应的课程设计、教材编写和信息化教学资源的开发，有效固化实训教学的改革和创新成果。

#### 5. 与实训课程体系相配套的高水平示范性实训基地建设研究

科学使用会计专业江苏省高水平示范性实训基地的配套政策和投入资金，与企业紧密结合，构建与实训课程体系相配套的会计实训基地，将专业知识的教学、专业技能的训练融于一体，按职业活动规划教学活动，让学生在完成工作任务的过程中形成职业能力，为培养学生的动手能力和职业素养奠定良好基础。同时，实现专业群的资源共享，会计实训基地可供本地区的其他学校、企业进行实训与培训，发挥辐射作用。

#### 6. 实训课程体系的保障机制研究

实训课程体系的形成与推广，需要学校的氛围和土壤。在研究中应促进学校完善构建实训课程体系所必需的支撑系统，如会计专业教师发展、信息化教学能力提升、课程开发与实施、经费保障和质量评价等学校管理体制机制等。

### 五、构建会计专业"双轮驱动，四阶递进"实训课程体系的主要途径

课题组与企业深度合作，收集了大量有关会计专业实训课程的资料，定期组织课题组成员开展各种讨论、交流各自研究情况、参加研究培训，结合试点班实际教学和校内外调研情况，设计了五年制高职会计专业学生职业能力培养路径，构建了"双轮驱动，四阶递进"实训课程体系，形成了实训课程"三环六阶"的"做学教合一"教学模式，开发了实训课程校本教材及相关教学资源，创建了实训课程网络学习平台及会计专业高水平示范性实训基地，并在实验班实施了教学，形成了相应的教学案例。

#### 1. 分析会计岗位综合能力需求，设计职业能力培养路径

课题组深入各大中小企业及历届毕业生群体，采用调查法，通过走访企业、组织企业专家召开专业建设咨询会、发放调查问卷、组织学生

座谈、收集分析网络信息，了解了在"互联网+会计"背景下，企业对会计人员综合能力的需求、毕业生岗位适应度及企业对毕业生的满意程度。具体调研结论如下。

（1）企业对会计人员综合能力需求调研与分析。

① 行业背景分析。互联网的蓬勃发展和人工智能的初露端倪给会计行业带来了新的冲击，但由于各行各业都需要会计人员，整个社会每年对会计人才的需求总量仍然非常大，而人工智能可以辅助会计人员进行核算、分析和决策，完成传统的财务数据统计、账务处理、财务分析等工作。随着经济发展步伐的不断加快，新时代对会计人才的要求也越来越高，具有普通会计技能的会计人员已开始无法适应人工智能背景下会计行业的快速发展，而同时具备会计技术、计算机应用能力和企业管理能力的思考型、发展型、复合型、创新型的技术技能型会计人才却处于极度紧缺的人才行列。

② 会计岗位分析。五年制高等职业技术学校应当基于企业需求和市场变化来设计会计专业的人才培养路径，为此，课题组对会计市场做了调研，选择了 30 家企业，设计了"会计人员岗位能力需求调查问卷"，调查对象以常州地区中小型企业及职业中介机构的财务经理、注册会计师和企业人力资源经理等为主，调查问卷涉及银行、证券、制造、保险、批发和零售贸易、信息技术、咨询、社会服务等各大行业，以试图了解企业的会计人才需求情况和企业对核心岗位所应具备的专业知识、职业能力及相关素质的要求。调查结果显示，目前会计人员主要从事一般企事业单位和银行系统的出纳、核算、办税、资金管理、仓库核算、内部审计、往来结算、财务管理及财务分析、主管会计、银行柜面出纳、银行信贷、银行结算等岗位，会计师事务所、评估师事务所、税务师事务所、会计咨询服务公司审计助理岗位，以及中小企业收银、仓库保管、物流管理、经济信息收集、财经文秘、统计、工商管理等岗位。通过对调查单位会计人员学历层次的调研，课题组发现在上述岗位中，适合五年制高职学历层次会计人员的主要是理论知识要求不高、技能操作要求比较熟练的岗位，如出纳岗位、核算岗位、往来结算岗位、办税岗位、内部审计岗位，代理记账公司、会计师事务所等中介机构的助理岗位。五年制高职学历层次的会计人员从事出纳和核算岗位的占多数，而少数也能从事管理会计岗位，此外还有部分从事与会计岗位相关

的收银、仓库保管、物流管理、经济信息收集、财经文秘等岗位。

③ 会计人员岗位能力、专业能力及素质能力分析。课题组根据《江苏省五年制高等职业教育会计专业指导性人才培养方案》，并结合调研结果，对适合五年制高职学历层次会计人员的主要岗位进行了岗位能力、专业能力及素质能力分析。从专业能力角度来看，企业认为会计人员扎实的会计业务理论功底、熟练的会计业务处理能力、良好的财税政策解读能力和财务分析管理能力较为重要，计算机应用能力与以往相比也显得较为重要，选择这五项能力的企业占调研企业的比重分别为93.33%（28家）、83.33%（25家）、60.00%（18家）、50.00%（15家）、66.67%（20家）。从对会计人员"软素质"的重视程度来看，部分企业将会计人员的职业道德与忠诚度摆在首位，有一些企业认为虽然应届毕业生有较强的可塑性，但对企业的忠诚度还不够；企业更青睐踏实肯干，有较强的工作责任心和健康心态，具有良好的团队合作精神和组织协调能力的员工；学习能力也是企业看重的另外一种关键素质；在各项"软素质"中，企业对毕业生"学习能力""职业道德""团队合作精神""敬业精神""健康心态"的重视程度高于对"组织协调能力""文化艺术修养""健康体魄""潜在的领导能力"的重视程度。企业较希望招到业务上手快、综合能力强、办事效率高的会计人员。选择这三项的企业占调研企业的比重分别为23.33%（7家）、50.00%（15家）和20.00%（6家）。

（2）会计专业毕业生岗位适应度与企业满意度分析。

为了解企业对学校会计专业毕业生工作能力的满意程度，课题组搜集了会计专业顶岗实习班和会计专业毕业班"就业岗位及企业满意度调查表"的相关信息，并组织了学生座谈会。除去继续升学的学生，有57.14%的学生在会计岗位工作或实习，主要在中小工业企业、商业企业、会计师事务所、代理记账公司从事出纳、核算、会计助理、审计助理等岗位。

在调研过程中，课题组发现有85.00%的学生在实习或工作过程中存在工作过程不细致的现象，68.00%存在财务软件应用不熟悉的现象，62.40%存在办公软件操作不精通的现象，49.60%存在业务办理不熟练的现象，28.00%存在团队合作不顺利的现象。多数学生表示工作内容与学校教学内容联系甚密，尤其是会计实训类课程，如会计基本核算技术、会计综合实训等课程在工作中应用广泛。但也有学生提出学校开设的实训课程时间短、内容少，并不能完全满足工作实际需要，如会计电算化实训较少、企业模拟经营实训时间较短等，虽然学校实训课程内容高度仿真，但与实际工作仍有差距，建议能与企业共建实训课程、实训基地等，将企业真实项目引入校园。

大部分企业反馈对五年制高职会计专业毕业生总体满意，但也有企业提出，希望学校能进一步提高学生的业务理解能力、理论知识扎实程度、业务操作熟练程度、会计电算化软件应用熟悉程度、工作敬业程度和细致程度。此外，还有企业表示学生的 Excel 等办公软件处理能力、财税政策解读能力、财务数据分析能力较为薄弱，而这些能力在工作中运用较多，希望学校能加强对学生信息技术应用能力、财税政策解读能力及财务管理能力的基础培养。

（3）学生职业能力培养路径设计。

① 会计专业人才培养目标定位分析。职业学校应当基于企业的需求来定位会计专业的人才培养目标。目前，五年制高职会计专业主要是培养与我国社会主义现代化建设要求相适应，德、智、体、美全面发展，具备良好的职业道德和职业素养，具有会计综合职业能力、职业生涯发展基础及终身学习能力，在企业、非营利组织单位会计及财务管理一线工作的发展型、复合型、创新型的技术技能型人才。根据调研，课题组发现在"互联网+会计"时代背景下，企业需要的不仅仅是技术技能型人才，更需要既懂会计又懂计算机、既懂业务又懂管理、具备自我学习能力的高素质复合型"跨界"人才，即企业对会计人才的需求从技能型转向了管理型。课题组认为，人工智能的兴起虽然给会计行业带来了新的冲击，但我们如能积极应对，会打开会计专业新的局面。面对信息技术的冲击，五年制高职会计专业在培养传统高素质技术技能型人才的同时，更应注重培养学生的计算机软件应用、财务软件操作、财务分析和企业管理等方面的能力，并落实到实际操作，与实训相结合。

综上所述，五年制高职会计专业的人才培养应充分利用其独特的"长学制"优势，基于人的终身发展的角度进行科学定位。要服务地区经济发展，就业岗位主要面向中小企业、非营利组织单位的出纳、核算、往来结算、办税、内部审计、财务管理，代理记账公司、会计师事务所等中介机构的助理，以及与会计岗位相关的收银、仓库保管、物流管理、经济信息收集、财经文秘等一线工作岗位，培养具备会计理论知识，具备会计实务操作、信息技术应用、企业管理等多重实操能力，具备良好的职业道德、职业素养、自我学习能力和会计综合职业能力的技术技能型、发展型、复合型、创新型的"跨界"人才。

② 会计专业人才培养方式分析。五年制高职会计专业人才的培养是一项系统性工程。在现有行业背景下，会计人员不仅仅需要具备会计核算能力，更需要懂得企业业务、企业管理、信息技术等各方面的知识，会计工作不是单一的财务数据处理工作，更重要的是要将数据转化为信息，帮助企业进行管理。五年制高等职业技术学校应基于会计行业背景、企业需求和会计实际工作的典型任务，来重新开发和构建学习领域课程体系。采取"学校+企业"的紧密合作方式，充分发挥各自的优势，实现以"校内教学为主，校外指导为辅"的校企"双主体"培养，使会计专业人才培养目标与企业岗位需求接轨，通过优化环境、建设高质量课程资源，实现学校教学与企业工作"零距离"对接，有效提升学生的职业素养和竞争能力，以达到会计专业人才培养目标。

**2. 校企共商共定，构建"双轮驱动，四阶递进"实训课程体系**

（1）会计专业实训课程设置重要性分析。

实训课程是职业教育区别于普通高等教育的特色课程，实现学校教学与企业工作的"零距离"对接是开设实训课程的根本目的，也是高职教育培养高素质技术技能型人才的重要任务之一。建好会计专业实训类课程更是培养具备良好职业道德、职业素养、自我学习能力和会计综合职业能力的技术技能型、发展型、复合型、创新型"跨界"会计人才的关键。五年制高等职业教育开设的会计专业实训课程主要有："会计基本技能""会计应用技术实训""企业经营认知与流程项目实训（ERP）""会计基本核算技术""会计岗位实训""会计综合实训"等。（表1-1-1）

表1-1-1　五年制高职会计专业实训课程开设一览表（项目研究前）

| 授课年级 | 课程名称 | 课程属性 | 课程性质 |
| --- | --- | --- | --- |
| 高职一年级 | 会计基本技能（上） | 专业基础课 | 必修课 |
| 高职二年级 | 会计基本技能（下） | 专业基础课 | 必修课 |
| 高职二年级 | 会计应用技术实训 | 专业基础课 | 必修课 |
| 高职三年级 | 会计岗位项目实训 | 专业课 | 必修课 |
| 高职三年级 | 会计基本核算技术 | 专业课 | 专业选修课 |

续表

| 授课年级 | 课程名称 | 课程属性 | 课程性质 |
|---|---|---|---|
| 高职三年级 | 会计岗位实训（上） | 专业课 | 专业选修课 |
| 高职三年级 | 会计岗位实训（下） | 专业课 | 专业选修课 |
| 高职四年级 | 企业经营认知与流程项目实训（ERP） | 专业课 | 必修课 |
| 高职四年级 | 会计综合实训 | 专业课 | 专业选修课 |

为了解企业看重的会计专业实训课程，课题组深入企业，充分听取各方意见，组织专家进行论证，采用了李克特5级量表，根据每门实训课程被选择的次数及等级分数来分析其重要程度，调查结果显示，"企业经营认知与流程项目实训（ERP）""会计综合实训""会计应用技术实训""会计岗位实训"等在会计工作中应用广泛的课程都居于前列，而在会计工作中作用不明显，教学内容单一，纯技能化的"会计基本技能"课程则排在后位，但综合得分也不低（表1-1-2）。企业专家提出，学校应增加一些与工作实践联系性强的、能与行业趋势紧密联系的实战教学课程，如"会计电算化实训""Excel在财务中的应用"及管理类实训课程等。实训课程的设置要与会计工作实际密切接轨，要注重培养学生的职业素养、综合职业能力、知识迁移能力和岗位适应性，各实训课程间要有联系，要体现梯度性，要符合学生认知发展规律。同时，学生到企业参观学习非常重要，校内的模拟实习或实训固然很重要，但并不能代替企业学习和实习，学校应精心策划学生实习环节。

表1-1-2 五年制高职会计专业实训课程重要性量表

| 被选次数 | 非常重要(5) | 重要(4) | 一般(3) | 不重要(2) | 非常不重要(1) | 所得分数 |
|---|---|---|---|---|---|---|
| 企业经营认知与流程项目实训（ERP） | 24 | 5 | 1 | 0 | 0 | 143 |
| 会计综合实训 | 22 | 7 | 1 | 0 | 0 | 141 |
| 会计应用技术实训 | 23 | 4 | 3 | 0 | 0 | 140 |
| 会计岗位实训 | 20 | 6 | 4 | 0 | 0 | 136 |
| 会计基本核算技术 | 16 | 6 | 3 | 5 | 0 | 123 |
| 会计基本技能 | 10 | 8 | 5 | 6 | 1 | 110 |

（2）会计专业实训课程设置存在的问题分析。

课题组通过分析企业对会计人员综合能力的需求及会计专业实训课程设置的重要性，发现五年制高职会计专业实训课程主要存在轻"管理"、重"核算"，轻"电算化"、重"手工实务"，轻"综合职业能力"、重"传统会计技能"，轻"企业实训"、重"校内实训"的现象。具体如下：

① 轻"管理"、重"核算"，缺乏管理会计类实训课程。企业对会计人才的需求逐渐由技能型转向管理型，五年制高职会计专业除了培养学生的会计核算能力外，应当更加注重培养学生的会计管理能力，在实训课程设置上应逐步向管理会计方向的实训课程倾斜。目前，五年制高职会计专业主要开设注重核算的实训课程，如"会计基本核算技术""会计岗位实训""会计综合实训"等，而偏向管理方向的实训课程，除了"企业经营认知与流程项目实训"外，其他的如"管理会计实训""财务预决算实训"等开设较少甚至不开。

② 轻"电算化"、重"手工实务"，缺乏计算机操作类实训课程。在"互联网+会计"时代背景下，多数企业均借助会计电算化软件完成从凭证到账簿到报表的会计账务处理，甚至有些企业已经借助财务共享中心、财务云等人工智能手段来完成简单的会计核算工作，很少有企业还采用手工方式完成账务处理。而五年制高职会计专业实训课程多数仍以手工会计为主，"Excel在财务中的应用""会计电算化实训"等培养学生计算机操作能力的实训课程则较少。会计电算化乃至会计人工智能化是会计发展的必然趋势，计算机操作能力也是在新形势下企业对会计人员的新要求，会计专业实训课程设置中若忽略了"会计电算化实训"等计算机操作类课程的中心地位，则将无法满足企业对会计人员信息技术应用能力的需求。

③ 轻"综合职业能力"、重"传统会计技能"，忽视会计与企业业务的融合。实训课程应以培养学生的综合职业能力为主，而不应只偏重于某一项能力的培养。目前，五年制高职会计专业开设的实训课程主要培养学生从事会计工作所应具备的珠算、点钞、票据、数录、汉录等会计基本能力、对企业基本经济业务及各岗位基本经济业务进行账务处理的能力及认知企业经营流程的能力。多数以培养传统的会计核算能力为主，同时珠算、点钞等传统技能由于技能大赛比赛项目的存在而成为实

训课程的"热点"内容。实训课的教学也常常成为实验课的教学,以学生完成实训任务为主,而忽略了业务在实际会计工作中的处理流程和账务处理,"做""学""教"未能有机融合,未实现真正意义上的"理实一体化"教学。

④ 轻"企业实训"、重"校内实训",忽视企业实训与校内实训的内在联系。企业实训是校内实训的升华,是检验校内教学效果的重要手段,也是实现学校教学与企业工作"零距离"对接的最有效途径。目前,五年制高职会计专业的企业实训环节主要以第五年的顶岗实习为主,虽然有充足的实习时间,但相对独立,缺乏梯度性,未能将每阶段的校内实训与企业实训有机对应,未实现校内实训与企业实训的高效融合。

(3)"双轮驱动,四阶递进"实训课程体系设计。

课题组结合前期各方调研,按照"知识模块与工作任务有机对应,理论教学与技能实践有机对接,知识运用与岗位实践有机结合,校内实训与企业实训有机融合"的思路,依据会计岗位的工作流程和任务,科学整合和序化知识、技能和能力模块,构建了呈阶梯式上升的会计专业"双轮驱动,四阶递进"实训课程体系。(图1-1-1)

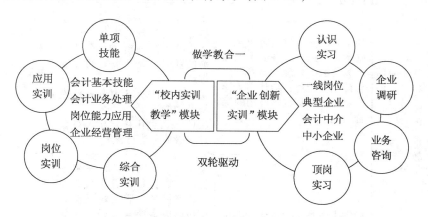

图1-1-1 会计专业"双轮驱动,四阶递进"实训课程体系示意图

该体系根据人才培养目标,采取"品牌专业+优质企业"紧密合作的方式,实现校企"双主体"培养,发挥学校品牌专业的独特资源和地方优质企业的专业优势。以"校内实训教学"模块为一轮驱动,按照学生从"单项技能→综合技能"由易到难的认知规律,设计"单项技能→应用实训→岗位实训→综合实训"由易到难的"四个阶梯"教

学模块，依据"做学教合一"的教学模式，强调以"做"为基础，让学生熟练掌握会计业务处理技能，全面系统把握会计业务间的关联和会计工作体系；以"企业创新实训"模块为另一轮驱动，按照"岗位认知→岗位体验"逐层递进的职业能力培养规律，设计"认识实习→企业调研→业务咨询→顶岗实习"逐层递进的能力培养的"四个阶梯"，将教学过程与生产过程对接，让学生置身于企业的真实任务情景中，在企业师傅和专业教师的共同指导下，"手脑并用，学做合一"，了解会计行业形势变化，处理多重复杂的会计业务，提高岗位实践技能和综合素质，构建呈阶梯式上升的会计专业"双轮驱动，四阶递进"实训课程体系。（表1-1-3）

表1-1-3　会计专业"双轮驱动，四阶递进"实训课程体系教学设计安排

| 体系 | 模块 | 培养目标 | 教学内容 | 实施时间 |
|---|---|---|---|---|
| 校内实训教学 | 单项技能 | 培养学生的会计专业基本技能和素质，提高学生的动手能力，使其养成良好的职业素养，增强学生运用办公软件的能力 | 珠算、会计书写、会计计算、点钞与验钞、计算器和计算机录入、Excel在财务中的应用 | 高职一、二年级 |
| | 应用实训 | 使学生能熟练进行企业会计基本常见经济业务的手工和电算化账务处理，培养学生会计核算能力：会计实务操作及会计信息技术应用的综合技能 | 实训1：账簿体系设置、原始凭证的填制与审核、记账凭证的填制与审核、会计账簿的登记、会计报表的编制训练<br>实训2：用友T3财务软件模块及功能运用<br>实训3：运用手工方式对会计中级业务进行核算 | 高职一、二年级 |
| | 岗位实训 | 使学生熟悉企业各会计岗位常见经济业务的流程，进一步提升学生的会计电算化操作能力，培养学生具备各会计岗位要求的实务操作的综合技能和工作基本能力 | 实训1：出纳岗位、往来核算岗位、存货核算岗位、固定资产岗位、职工薪酬核算岗位、成本核算岗位、税务核算岗位、资金核算岗位、收入核算岗位、费用核算岗位、财务成果核算岗位、总账报表岗位、稽核岗位、会计档案保管岗位项目训练<br>实训2：运用常用财务软件对会计初级、中级业务进行核算 | 高职三年级 |

续表

| 体系 | 模块 | 培养目标 | 教学内容 | 实施时间 |
|---|---|---|---|---|
| 校内实训教学 | 综合实训 | 使学生认知企业经营流程，熟悉企业完整经济业务核算，培养学生财务管理能力 | 实训1：运用手工和电算化方式进行会计综合业务训练<br>实训2：ERP软件系统和仿真沙盘的运用训练<br>实训3：财务信息分析及财务日常管理训练<br>实训4：中小企业财务计划的编制及运用计算工具进行简单财务预测巡考 | 高职四年级 |
| 企业创新实训 | 认识实习 | 使学生体验企业经营管理环境，认知会计工作的流程、内容和职业特点，引导学生踏入会计专业的大门，为职业规划打好基础 | 安排学生进入行业标杆企业的财务部门及供产销部门，看、学、教兼顾，让学生现场了解会计工作，同时聆听企业专家的讲座 | 高职一年级 |
| 企业创新实训 | 企业调研 | 使学生深入了解各会计岗位的工作任务和能力要求、财务部及企业各部门之间的联系，明确学习目标，培养学生独立思考和分析问题的能力，在该阶段校内实训的基础上进一步升华，为后续的专业学习打基础 | 安排学生进入企业的财税、金融、人力资源等部门调研，并形成书面总结 | 高职二、三年级 |
| 企业创新实训 | 业务咨询 | 通过细化实践内容，培养学生敏锐的市场洞察力和准确的判断力，同时培养学生的表达沟通和工作创新能力 | 学生接受由"校企共建，名师领衔"的会计工作室的真实任务，开展客户开发、咨询服务及账务处理等工作 | 高职四年级 |
| 企业创新实训 | 顶岗实习 | 让学生运用专业知识分析和处理生产实践中的问题，培养学生勤恳踏实的工作态度、良好的职业能力和职业素养，为学生毕业后适应会计岗位打好基础 | 安排学生到中小企业、会计服务公司、会计师事务所、地税局等单位进行顶岗实习，由班主任、专业教师、实习单位师傅共同管理，学校定期检查指导 | 高职五年级 |

**3. 开展试点班教学，优化教学安排，引入"阶梯式"企业实训**

课题组按照"双轮驱动，四阶递进"实训课程体系的设计，对比以往实训教学安排，在学校各年级会计专业班级中实施了试点教学，拓展了"会计基本技能"实训课程的教学内容，增设了"财务管理实训"

"财务预决算实训"管理类实训课程,调整了"会计基本核算技术"课程的教学时间,将实训课程与理论课程有机对接,丰富了"会计综合实训"课程的教学方式,形成了"电算化会计核算实施与维护"—"初级会计电算化"—"中级会计电算化"的会计信息技术应用系列实训课程。初步优化并形成了"会计基本技能""会计基本核算技术""电算化会计核算实施与维护""会计应用技术实训""会计岗位实训""初级会计电算化""中级会计电算化""会计综合实训""企业经营认知与流程项目实训(ERP)""财务管理实训""财务预决算实训"课程的校本课程标准集。(如表1-1-4)

表1-1-4 会计专业"双轮驱动,四阶递进"校内实训课程教学实施安排表

| 体系 | 模块 | 培养目标 | 开设课程 | 教学安排优化 | 优化调整理由 | 实施时间 |
|---|---|---|---|---|---|---|
| 校内实训教学 | 单项技能 | 培养学生的会计专业基本技能和素质,提高学生的动手能力,使其养成良好的职业素养,增强学生运用办公软件的能力 | 会计基本技能 | 课程中增加Excel在财务中的应用实训教学。"会计基本技能"课程分两学年进行,会计书写、珠算内容在高职第一学年完成教学;计算器和计算机录入、点钞与验钞、Excel在财务中的应用在高职第二学年完成教学 | 点钞、珠算虽然与会计工作联系不密切,但适合一年级新生,是培养会计人员动手能力、数字敏感度及认真细致的工作作风的重要实训课程;Excel在财务中的运用广泛,虽然学生初中阶段学过,但缺乏学习的深度,与财务结合不密切,增设课程能增强学生信息技术应用能力,为后续电算化课程学习打基础 | 高职一、二年级 |
| | 应用实训 | 使学生能熟练进行企业会计基本常见经济业务的手工和电算化账务处理,培养学生会计核算能力:会计实务操作及会计信息技术应用的综合技能 | 会计基本核算技术 | 开设时间由原来的三年级调整为一年级第二学期 | 该实训课程的教学内容与"基础会计"理论课相对应,"基础会计"在一年级开设,分两学期进行,"会计基本核算技术"在一年级第二学期开设,与"基础会计"同步进行,实现有机对接,既使学生的基础会计理论知识得到巩固,又进一步提升了学生初级会计业务的实践能力 | 高职一年级 |

续表

| 体系 | 模块 | 培养目标 | 开设课程 | 教学安排优化 | 优化调整理由 | 实施时间 |
|---|---|---|---|---|---|---|
| 校内实训教学 | 应用实训 | 使学生能熟练进行企业会计基本常见经济业务的手工和电算化账务处理，培养学生会计核算能力：会计实务操作及会计信息技术应用的综合技能 | 电算化会计核算实施与维护 | 开设时间由原来的三年级调整为二年级第二学期 | 该实训课程是会计电算化学习的基础，是用友T3财务软件模块的认知及功能运用，此前学生学习过"基础会计""Excel在财务中的应用""会计基本核算技术"课程，有了会计基本理论知识和基础实操能力的铺垫，该阶段同步开设了"财务会计"专业理论课，学生具备了学习"电算化会计核算实施与维护"课程的条件，在二年级下半学期开设，为后续的电算化实训课程学习奠定了基础 | 高职二年级 |
| | | | 会计应用技术实训 | 按原安排：在二年级第二学期开设 | 该实训课程的教学内容与"财务会计"理论课相对应，"财务会计"课程在二年级开设，分两学期进行，"会计应用技术实训"课程在二年级第二学期开设，与"财务会计"课程同步进行，实现有机对接，既使学生的财务会计理论知识得到巩固，又进一步提升了学生中级财务会计业务的实践能力 | |
| | 岗位实训 | 使学生熟悉企业各会计岗位常见经济业务的流程，进一步提升学生的会计电算化操作能力，培养学生具备各会计岗位要求的实务操作的综合技能和工作基本能力 | 会计岗位实训 | 按原安排：在三年级分两学期开设 | 该实训课程是"基础会计""财务会计""成本会计"等会计专业理论课的综合运用，此前学生已学习过这些理论课，运用手工方式进行分岗位实训，能加深学生对理论课程的理解，明确会计岗位分工职责，实现从理论到实践的转化过程 | 高职三年级 |

续表

| 体系 | 模块 | 培养目标 | 开设课程 | 教学安排优化 | 优化调整理由 | 实施时间 |
|---|---|---|---|---|---|---|
| 校内实训教学 | 岗位实训 | 使学生熟悉企业各会计岗位常见经济业务的流程，进一步提升学生的会计电算化操作能力，培养学生具备各会计岗位要求的实务操作的综合技能和工作基本能力 | 初级会计电算化 | 新增实训项目，扩充会计电算化实训教学：在三年级第一学期开设 | "电算化会计核算实施与维护"课程主要涉及电算化软件功能的基础操作，真正涉及会计业务的不多，本课程主要运用电算化软件对会计初级业务进行核算，业务内容与"基础会计"课程内容对应，让学生的会计电算化能力有进一步提升 | 高职三年级 |
| | | | 中级会计电算化 | 新增实训项目，扩充会计电算化实训教学：在三年级第二学期开设 | 该实训课程主要运用电算化软件对会计中级业务进行核算，业务内容与"财务会计"课程内容对应，让学生的会计电算化能力在初级的基础上有进一步提升 | |
| | 综合实训 | 使学生认知企业经营流程，熟悉企业完整经济业务核算，培养学生财务管理能力 | 会计综合实训 | 同时运用手工和电算化方式进行会计综合业务训练：在四年级分两学期开设 | 该实训课程以往只采用手工方式进行教学，采用手工和电算化相结合的方式，既是对前三年学习内容的巩固，又是顶岗实习前校内模拟实训的重要总结，对学生业务核算和电算化能力有双重提升作用 | 高职四年级 |
| | | | 企业经营认知与流程项目实训（ERP） | 按原安排：在四年级第二学期开设 | 该实训课程从企业管理角度出发，以强化学生的管理知识，训练学生的管理技能，全面提高学生的综合素质为出发点，须建立在知识面全的基础上学习，适合在四年级开设 | |
| | | | 财务管理实训 | 新增实训项目，扩充管理类实训课程教学：在四年级第一学期开设 | 该实训课程的教学内容与"财务管理""财务预决算"理论课相对应，理论课在三年级开设，通过实训课的开设，可以进一步提升学生对财务管理理论的应用水平，符合当下企业对"管理型"会计人员的需求 | |

续表

| 体系 | 模块 | 培养目标 | 开设课程 | 教学安排优化 | 优化调整理由 | 实施时间 |
|---|---|---|---|---|---|---|
| 校内实训教学 | 综合实训 | 使学生认知企业经营流程，熟悉企业完整经济业务核算，培养学生财务管理能力 | 财务预决算实训 | 中小企业财务计划的编制及运用计算工具进行简单财务预测巡考 | 该实训课程的教学内容与"财务管理""财务预决算"理论课相对应，理论课在三年级开设，通过实训课的开设，可以进一步提升学生对财务管理理论的应用水平，符合当下企业对"管理型"会计人员的需求 | 高职四年级 |

同时，我校与常州华鼎会计服务有限公司、常州市仁通会计服务有限公司、常州市信力会计服务有限公司三家企业深度合作，在高职一至五年级认知实习、企业调研、业务咨询、顶岗实习模块，邀请企业专家来校宣讲，让学生了解企业对会计人员职业素养和职业能力的要求，组织学生进入企业参观、考察，让学生了解公司发展与企业文化，安排学生到企业交流调研、观看工作流程、进行工学交替，让学生接触企业真账，企业实训与校内实训教学有机对接，实现了真正意义上的"理实一体化"教学。

**4. 实训课程学生评价体制设计**

学校要打破仅以"考试定成败"的单一评价模式，采用理论与操作结合、校内与校外结合的形式多样的综合评价模式，摒弃以知识点记忆为主的考试内容，改为主要考核学生的专业课程学习水平、行为变化和会计职业综合能力，注重采用过程评价与结果评价相结合、课内学习与课外实践相结合、教师评定与企业评价相结合的方式，做到客观、公平，通过对学生的职业能力和综合素质通用能力的评价，促进学生的全面发展。

（1）校内实训课程评价方式。

课题组根据教学项目考核与考试相结合的综合评价模式，充分考虑学生课程学习水平、学习态度和会计职业综合能力，设计了校内实训课程评价方式。（表1-1-5）

表 1-1-5　校内实训课程评价设计表——以"会计基本核算技术"课程为例

| 序号 | 任务模块 | 评价目标 |
|---|---|---|
| 1 | 单项训练 | 一、原始凭证的填制与审核<br>1. 能根据给定的经济业务填制原始凭证并签名盖章<br>2. 能正确填写常见票据和结算凭证<br>3. 对给出的外来原始凭证对照业务内容进行逐一审核，指出错误所在，并给出处理意见<br>二、记账凭证的填制与审核<br>1. 能根据给定的原始凭证编制记账凭证<br>2. 能根据给定的记账凭证对原始凭证进行逐一审核，指出错误所在，并给出处理意见<br>三、登记账簿<br>1. 能根据给定的资料登记相关账簿<br>2. 能根据给定的资料编制试算平衡表<br>3. 能根据给定的资料查找错误并进行错账更正<br>四、编制会计报表<br>1. 能根据给定的资料编制资产负债表<br>2. 能根据给定的资料编制利润表 |
| 2 | 综合业务训练 | 1. 能熟练说出记账凭证核算程序下会计核算步骤，并能按照步骤进行会计核算<br>2. 能正确启用账簿、开设账户，登记初始资料<br>3. 能正确编制各种凭证，具有根据原始凭证编制记账凭证的基本能力；能对记账凭证所附的原始凭证进行审核；能对记账凭证项目填写进行审核；能对记账凭证上人员签名盖章进行审核<br>4. 会进行三栏式日记账、三栏式总分类账的登记；会登记"原材料"明细分类账；会进行明细分类账与总分类账的平行登记；掌握对账与结账的实际操作程序；掌握本期发生额及期末余额试算平衡表的编制方法<br>5. 掌握资产负债表、利润表的一般编制方法 |
| 3 | 会计资料归档 | 1. 掌握会计资料整理与装订流程<br>2. 整理会计凭证、会计账簿和会计报表，做到分类有序、装订整齐牢固、归档规范<br>3. 及时完整收集整理本次实训材料，并做好存档手续 |
| 评价方式 | | 采用教学项目考核与考试相结合的方式进行，教学项目考核成绩占总评成绩的60%，考试成绩占总评成绩的40%<br>1. 教学项目考核<br>采用百分制考核，具体各项目考核的分值及项目占平时成绩的比重如下表： |

续表

| 序号 | 任务模块 | 评价目标 | | | |
|---|---|---|---|---|---|
| 评价方式 | | 实训项目 | 占比 | 考核内容 | 分值 |
| | | 填写原始凭证 | 10% | 态度 | 20分 |
| | | | | 规范性、准确性 | 80分 |
| | | 编制记账凭证 | 20% | 态度 | 20分 |
| | | | | 规范性、准确性 | 80分 |
| | | 登记账簿 | 20% | 态度 | 20分 |
| | | | | 规范性、准确性 | 60分 |
| | | | | 科目汇总表 | 20分 |
| | | 编制会计报表 | 10% | 态度 | 20分 |
| | | | | 资产负债表 | 50分 |
| | | | | 利润表 | 30分 |
| | | 综合业务训练 | 30% | 态度 | 20分 |
| | | | | 规范性、准确性、及时性 | 80分 |
| | | 会计资料归档 | 10% | 态度 | 20分 |
| | | | | 规范性、美观性 | 80分 |
| | 注：考核中的"态度"扣分主要指：迟到、早退、实训拖拉、抄实训作业、不按时完成实训任务、做与实训无关的事（如睡觉、玩手机）等 2. 考试 （1）考试内容 填写原始凭证、编制记账凭证、登记账簿和编制会计报表 （2）考试形式 闭卷考试，设计时要考虑既能考核学生的实践动手能力，又能让学生在一定时间内完成考试内容 （3）评价方式 百分制评价 | | | | |

（2）企业创新实训评价方式。

企业创新实训环节根据认知实习、企业调研、业务咨询、顶岗实习四个模块的得分综合形成第五年的实习总分。采用考勤、自我总结、调研分析、校内导师考核、企业导师考核相结合的方式进行综合评价，主要考查学生的学习态度、职业素养和岗位能力。（表1-1-6）

表 1-1-6　企业创新实训评价方式

| 实训模块 | 占比 | 评价内容 | 评价者 | 分值 |
|---|---|---|---|---|
| 认知实习 | 10% | 出勤 | 班主任 | 20 分 |
| | | 心得体会 | 班主任 | 80 分 |
| 企业调研 | 15% | 出勤 | 班主任 | 15 分 |
| | | 参与度与积极性 | 校内导师、企业导师 | 15 分 |
| | | 调研总结 | 校内导师 | 70 分 |
| 业务咨询 | 25% | 学习态度 | 校内导师 | 20 分 |
| | | 学习工作手册填写 | 校内导师 | 20 分 |
| | | "工学交替"实践能力鉴定 | 企业导师 | 60 分 |
| 顶岗实习 | 50% | 工作态度 | 企业导师 | 20 分 |
| | | 学习工作手册填写 | 校内导师 | 20 分 |
| | | "顶岗实习"实践能力鉴定 | 企业导师 | 60 分 |

学校会计专业群已被认定为江苏省职业学校现代化专业群,"双轮驱动,四阶递进"是会计专业群人才培养模式的特色。2018 年 4 月起,课题组牵头在会计专业高年级学生中试点,分期分批组织学生到企业实际岗位上进行"工学交替""顶岗实习"等学习实践活动,学生的学习能力、专业技能、职业素养等都受到了企事业单位的一致好评。作为学校长期合作的企业,常州华鼎会计服务有限公司负责人表示,前来实习的学生学习欲望很强,潜力也很大,"业务水平可以和本科毕业生媲美,而职业认同度更高,在岗位上更踏实"。目前,课题组仍在与多家企业建立深度合作关系,不断验证和优化"双轮驱动,四阶递进"的"双主体培养"实训课程体系。

5. 开展实验班教学,形成实训课程"做学教合一"教学模式

当前,五年制高职会计专业实训课程的教学存在重"知识"、轻"能力",重"课本"、轻"实践",重"课堂"、轻"实训"的问题。近年来,会计专业教师主要借助多媒体和实物投影等技术手段,利用学案导学,采用边做边讲,讲练结合的方式进行教学。虽然将"做"和"学"结合,但学生仍是在教师的任务驱动下被动地接受任务,去"做",去"学",缺乏对学生职业道德、职业态度、行为习惯、职业操

守、职业技能等职业素养及学习主动性、积极性、创造力、创新力等方面的深入培养。另外，会计专业教师脱离生产经营一线，自己的动手能力和知识技能的更新与职业教育要求存在一定差距，对教学模式与学生需求的结合认识不够，使得学生的能力与企业一线岗位的要求存在一定距离。面对发展的瓶颈，除了构建"双轮驱动，四阶递进"的实训课程体系外，还要改变校内实训课程教学现状，创新课程教学模式。

为此，课题组根据"做学教合一"教学模式的理论研究，以"会计基本核算技术"课程为例，在班内开展了实际教学，探究了会计类实训课程在"做学教合一"教学模式下具体有效的教学方式：分为课前、课中、课后三大环节，预学初探、概括要点、仿真训练、总结评价、手工训练、拓展提高六个阶段，实现学生从初识工作情境到了解工作步骤、会做账务处理、熟悉操作流程、熟做账务处理再到精做账务处理的阶段性教学目标。在教学过程中，学生是主体，学生的"做"是核心，能先"做"的要先做，"做"和"学"应贯穿教学的始终；而教师则起主导作用，监控学生学习的各个环节，但这种教不是满堂灌，而是针对学生在做的过程中出现的困惑和解决不了的问题"相机而教"。（图1-1-2）

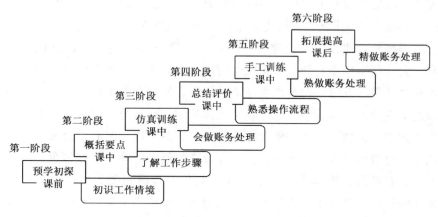

图1-1-2  "会计基本核算技术"课程"做学教合一"教学模式图

### 6. 校企共建，开发实训课程网络学习平台和校本教材，形成课程教学资源

会计实训教学需要运用较多的企业实例，课题组与校企合作单位合作开发教学资源。教学中，合理运用信息化教学手段，使学生充分运用

网络信息资源，为教与学构设高效的教学情景。教师则引入企业的真实会计业务、视频、图片及微课等资源，增强教学的直观性和趣味性，使学生通过动手操作来体验会计实际工作的标准和要求，实现学生的自主、快乐学习。

课题组已开发了"会计基本核算技术""会计综合实训""会计电算化实训""会计岗位实训——出纳业务操作"实训课程网络学习平台。并在企业的协助下开发了"财务会计""会计基本核算技术""会计电算化实训"等实训课程校本教材，将校内外有关资源进行了整合。

### 7. 高水平示范性实训基地为实训课程实施提供信息技术支撑

会计专业实训课程体系的改革，需要有适合企业要求的软硬件作为支撑条件。学校要与企业合作共建集全真实景教学与校内企业实践于一体，体现"做学教合一"特色的高水平示范性会计实训基地，做到硬件设施先进，软件紧跟企业最新技术，尤其是在财务软件使用上要与企业"零距离"对接，为实现仿真模拟向实战操作转变、教师向经理转变、学生向职员转变提供可能，做到学习即工作。要打破"教室"的概念，以信息技术为载体，将网络资源、教室、实训室、行业企业等多种空间融入"大课堂"，构建立体式、开放式的全新教学时空。

围绕专业建设，学校建设了会计手工账务实训室、会计岗位实训室、会计基本技能实训室、模拟经营沙盘实训室等会计实训室，与常州华鼎会计服务有限公司合作成立了会计专业校企合作工作室。同时，还新建了企业运营体验中心、专业文化体验中心和智慧学习中心，专业文化体验中心包括财经楼一楼大厅的形象墙、荣誉墙、两面浮雕文化墙和会计文化展示中心。整个一楼大厅专业文化氛围浓厚，富有特色，展现了"扬帆商海，财赢天下"和"奋力打拼，超越自我"的理念。会计文化展示区、财经工具体验区及多功能教学区可满足学生体验财经专业文化、技能训练及实践教学需求。智慧学习中心采用互联网、大数据、云计算等新技术，以学生为中心，营造合作共享、互联互动、智能高效的信息化课堂教学环境，为学生集体学习、自主学习、智慧学习提供了很好的平台。

所有实验实训室均建设了数字化教学环境，所有计算机均安装了极域多媒体数字化教学系统，通过该系统可实现教师机广播、学生机转播、文件分发、学生作业收集、电子举手、监控等功能。同时也为会计专业实训课程配备了网中网会计实务（手工）智能出题系统、网中网会计实务智能考评系统、成本会计实训教学平台、财务管理实训教学平台、基础会计实训教学平台、电子报税实训教学平台、会计综合实习平台、网中网会计作业平台等实训软件，这些软件运用于课堂教学和技能大赛，作为课程教学的辅助手段，为实训教学提供了良好的信息技术支撑。而目前，我校建设的江苏省财会高水平示范性实训基地已顺利通过验收。

8. 教育、教学、师资管理形成规章制度，为实训课程实施提供指导

完善适合实训课程体系开展与推广的学校支撑系统对实训课程的有效实施发挥着至关重要的作用。近年来，学校和系部出台了一系列有关会计专业教师发展、信息化教学能力提升、课程开发与实施、经费保障和质量评价的方案、规章制度，如《会计专业教师"会计电算化"能力提升培训方案》《信息化教学推进方案》《提升教学质量实施细则》《教学团队建设与管理实施办法》《教师教学质量评价办法》《青年骨干教师培养对象选拔与管理办法》《专业带头人培养对象选拔与管理办法》《学术带头人培养对象选拔与管理办法》《"双师型"教师培养和管理办法》等，这些规章制度的出台，对提高师资队伍水平、提升教育教学质量、促进课程建设起到了推进效果，同时也对"双轮驱动，四阶递进"实训课程体系的构建起到了积极的指导作用。

##  六、会计专业"双轮驱动，四阶递进"实训课程体系实施的思考

1. 难点问题

（1）课程资源建设不完善。

鉴于课题调研和试点教学的时间较长，实训课程数量多，校本教材、网络学习平台等相关教学资源（如微视频、动画、习题等）的开发和课程标准的制定和优化仍有不完善之处。

（2）教师信息化资源开发能力薄弱。

由于实训课程体系依托的"做学教合一"教学模式需要依靠信息

技术来支撑教学的实施，信息技术资源的开发显得尤为重要，而在课改实践和研究过程中，发现教师的信息化教学水平有限，在信息技术手段应用方面还跟不上课改的脚步。

（3）学生个体存在差异。

实训课程具有综合性、应用性特点，由于学生在学习实训课程前的理论基础水平参差不齐，在"做学教合一"教学模式下多数学生的技能水平得到了提高，但仍有个别学生存在学习困难、不能及时完成课内外学习任务的现象。

2. 解决措施

（1）加快资源建设，提高建设质量。

课题组要继续对阶段性研究成果进行必要的实证，定期开展课题组研讨会，实施资源建设定期检查制度，总结交流阶段性资源建设、课程实施情况，多组织一定规模的课程教学实践交流活动，边研究、边实践、边总结、边提高，不断丰富和完善课程资源建设。

（2）多元合作，解决信息技术难题。

针对信息技术资源建设难的问题，课题组可成立信息技术联合体，定期与学校信息技术处或企业开展培训交流活动，从微课、网络空间等方面进行研讨，通过校本培训、企业指导、自我研修等方式提高教师信息化教学能力。

（3）个性化教学，加强课后辅导。

"做学教合一"教学模式注重学生课后的拓展练习和能力提升，针对前期研究过程中出现的存在学习困难、不能及时完成课内外学习任务的学生，实施个性化教学，根据这些学生的个性、兴趣、特长、需要进行施教，即根据不同学生的性格、学习习惯、基础施行统一指导与个别指导，尤其要加强课后的学习辅导工作，使后进生紧跟学习队伍。

3. 研究展望

通过研究实践，课题组发现，要切实提高专业课的教学质量，培养学生良好的学习习惯，提高学生的学习能力，促进学生的可持续发展，充分调动学生学习的积极性，变学生被动学习为主动学习，变客体为主体，变学习知识为训练能力，仍要从以下几个方面加大研究力度。

（1）进一步优化和完善课程标准。

随着学生、企业需求的不断变化，课堂实践的不断深入，要不断调整相关实训课程的课程标准，不断整合优化校内外课程体系、推进实训基地建设、研讨适合学生的教学方法和教学手段、建立适应职场要求的多元化课程评价体系。

（2）进一步提高课堂教学效果。

要根据实际教学将"做学教合一"教学模式和传统教学模式结合起来，吸取传统教学模式中的精华，正确处理"做学教合一"教学模式中的不恰当之处，重视课堂教学手工处理环节的基础作用，从而切实提高课堂教学效果。

（3）进一步提升教师能力。

在后续的研究过程中，课题组会继续促进会计专业教师信息化教学能力和业务技能水平的提升，将数字化专业课程、网络课程等运用到会计专业实训教学中，使教学变得形象具体，以丰富教学手段，提高会计专业实训课程教学效果。

（4）进一步推广应用课程体系。

课题组要不断总结归纳阶段性课题研究成果，通过发表论文、参加各级各类竞赛等形式，辐射推广"双轮驱动，四阶递进"实训课程体系的研究经验和成果，从而提升会计专业实训课程的整体教学质量。

# 专题 2

# 会计专业课程"做学教合一"教学模式的探索

**TIPS ▶ 开篇语**

> 经过多年的探索与创新，五年制高职会计专业已经为社会输送了大量高素养的技术技能型人才，对中高职教育的有效衔接和提升职业教育质量做出了积极的贡献。但是，五年制高职会计专业办学时间比较短，专业特色并不明显，教学模式还处于改革与创新的探索阶段，仍然存在一些亟须解决的问题。五年制高职会计专业人才的培养是一项系统性工程，"做学教合一"教学模式的改革与创新应兼顾企业岗位需求、职业院校及学生的具体实际，将会计专业课程逐渐从学科教学的思维中彻底剥离出来，改变"师授生受"的教学传统。要以"能力本位、实践主线、项目引领、任务驱动"为教学特色，通过"做中学，学中做，学中教"，激发学生的学习内驱力，培养学生的会计职业素养和职业能力，推进会计专业师资向双师型、专家型转变，以教学模式的改革与创新来促使学生学习方式和教师教学方式的改变，这是遵循职业教育规律的优化模式。
>
> 本专题立足于现代"做学教合一"教学模式的研究基础，以五年制高职会计专业"会计核算技术"课程为例，分析该课程的特点，根据对企业、学校、会计专业毕业生三方调研结果，开展实验班教学，融入企业创新实训，开发教学资源，建设高水平示范性会计实训基地，从课程目标的定位、教学内容的整合、教学方式与评价方式的创新等多角度构建专业课程"做学教合一"的教学模式，为课堂教学的实施和"工匠型"会计人员的培养提供了参考，有效促进了五年制高职会计专业的内涵发展和服务经济社会发展的能力。

## 一、"做学教合一"教学模式的研究背景

五年制高等职业教育是我国高等职业教育的重要组成部分，其教学模式还处于改革与创新的探索阶段。而培养学生的实践技能和职业素养，是高职教育培养高素质技术技能型人才的重要任务之一，也是职业教育与普通高等教育相区别的最鲜明的特征之一。

根据国家职业教育发展方针和当前职业教育的改革发展方向，培养"工匠型"的新型职业技能人才对于提高企业市场竞争力，推动经济社会可持续发展具有现实意义。对于会计专业教师而言，培养上手快、技能强、思维活、业务精的会计人员，是其适应当前社会发展需要的新目标。而创新课堂教学模式，将实际工作中的"做"、学生自发性的"学"、教师启发性的"教"三者有机融合是实现这一目标的有效途径。调研结果显示，随着经济发展步伐的不断加快，新时代对会计人才的要求也越来越高，具有普通会计技能的会计人员已开始无法适应当前会计行业的快速发展，而德、智、体、美全面发展，具备良好的职业道德、职业素养和会计综合职业能力的思考型、发展型、复合型、管理型、创新型的技术技能型人才却处于极度紧缺的人才行列。

本专题以"会计核算技术"课程的教学模式为例，进行"做学教合一"教学模式的探索。"会计核算技术"课程是目前五年制高职会计、审计、会计电算化等专业开设的专业实践课程。该课程主要让学生认知会计核算的基本技术，掌握会计核算流程，学会填写凭证、登记账簿、编制报表等会计核算的基本方法，养成会计人员应具备的职业素养和职业能力。该课程的教学内容与日常会计核算的工作任务密切相关，学好本课程，学生能具备独立进行中小工业企业日常简单会计业务处理的能力。该课程既是学生学习其他专业课的重要基础，也是学生走上会计工作岗位的基本技术保障。

当前，五年制高职会计专业"会计核算技术"课程的教学存在重"知识"、轻"能力"，重"课本"、轻"实践"，重"课堂"、轻"实训"的问题。近年来，会计专业教师主要借助多媒体和实物投影等技术手段，利用学案导学，采用边做边讲、讲练结合的方式进行教学。虽然将"做"和"学"结合，但学生仍是在教师的任务驱动下被动地接受

任务，去"做"，去"学"，缺乏对学生职业道德、职业态度、行为习惯、职业操守、职业技能等综合素养及学习主动性、积极性、创造力、创新力等方面的培养。另外，会计专业教师脱离生产经营一线，自己的动手能力和知识技能的更新与职业教育要求存在一定差距，对教学模式与学生需求的结合认识不够，使得学生的能力与企业一线岗位的要求存在一定距离。面对发展的瓶颈，只有改变课程教学现状，创新课程教学模式。

## 二、实施"做学教合一"教学模式的必要性

**1. 有助于提升会计专业内涵发展和服务经济社会发展的能力**

课题组在对企业、学校和会计专业毕业生等多方进行广泛前期调研的基础上，结合企业岗位需求、职业学校及学生的实际情况，实践和探索专业课程"做学教合一"的教学模式，让职业院校会计专业课程逐渐从过去的学科教学体制中剥离出来，愈发接近生产经营管理的实际，职业教育为生产一线培养高技术人才和高素质劳动者的目标日益清晰。该模式的实践和推广，不仅有利于培养适应社会发展、满足企业需求和受到用人单位欢迎的高素质技术技能型人才，而且将有助于提升学校会计专业内涵发展和服务经济社会发展的能力。

**2. 将激发学生学习内驱力，补齐教师短板，推进会计专业师资向双师型、专家型转变**

美国现代教育家杜威以"教育即经验的改造"为依据，提出了"做中学"的观点。我国著名教育家陶行知先生提出了"教学做合一"的教学理论，后来演变为了具有明显职业教育特色的"做学教合一"教学理论。而这些都为课题组的研究提供了理论支持。课题组将根据专业课程"能力为本、实践为主、项目引领、任务驱动"的原则，以培养学生职业意识、职业技能、职业能力为本位，在教学过程中以实训实践为主线，在教学模式上以企业项目为引领，将教学项目划分成具体任务来实施，从而达到"做学教合一"。该教学模式将促进学生树立学习自信，激发学生学习的内驱力，培养学生发现问题、分析问题和解决问题的能力。同时，提高会计专业教师的动手能力是实现"做学教合一"教学模式创新的重要因素，学校将不断加大师资培训力度，多措并举积

极推进会计专业师资向双师型、专家型转变。

**3. 促进教学资源的综合利用和信息化教学水平的提高，极大提升会计专业课程的教学质量**

学校通过集体备课，收集、整理和优化课程教学资源，以教师相互观摩、研讨、交流等方式改进教学设计，积累典型课例。通过课题研究，课题组将建设"会计核算技术"课程项目库、案例库、技能库若干，为学生的学习提供丰富多样的形式。同时，课题组将运用数字化专业课程、网络课程等进行会计专业教学，使教学变得形象具体，促进会计专业教师信息化教学能力的提升，并向其他课程总结推广研究经验和成果。

**4. 建设具有"做学教合一"特色的会计专业省级高水平示范性实训基地，实现专业群的资源共享，发挥辐射作用**

实施"做学教合一"教学模式，需要配备与专业课程相对应的实训场所。学校应科学使用会计专业江苏省高水平示范性实训基地的配套政策和投入资金，与企业紧密结合，加强实训室的建设，让学生在实训室做中学，学中做，将专业知识教学、专业技能训练融于一体，按职业活动规划教学活动，让学生在完成工作任务的过程中形成职业能力，改变原来职业学校学生对学习的消极认识，为培养学生动手能力和职业素养奠定良好基础。实现专业群的资源共享，会计实训基地可供本地区的其他学校、企业进行实训与培训，发挥辐射作用。

**5. 完善促进课程教学模式形成的学校支撑系统，为相关课程提供可借鉴的参考样本**

在研究开展过程中，同时要不断完善促进专业课程"做学教合一"教学模式形成与发展的学校支撑系统，如要不断完善教师专业发展、信息化教学能力提升、课程开发与实施和激励评价等学校管理体制机制，为推广专业课程"做学教合一"教学模式提供可借鉴的参考样本。

## 三、"做学教合一"教学模式的相关概念界定

本专题以"会计核算技术"课程的教学模式为例，进行"做学教合一"教学模式的探索，主要涉及以下核心概念。

1. 五年制高职

五年制高职，是指招收初中毕业生，实行五年一贯制的高等职业教育。前三年按照中等职业教育的管理办法进行管理，后两年纳入高等教育管理范畴。五年毕业后，学生取得教育部监制、国家承认、普通高等学校统招的大学专科文凭。

2. "会计核算技术"课程

"会计核算技术"课程，是指目前五年制高职会计、审计、会计电算化等专业开设的专业实践课程。该课程让学生认知会计核算的基本技术，掌握会计核算流程，学会填写凭证、登记账簿、编制报表等会计核算的基本方法，培养学生的会计职业素养和职业能力，为学生今后的学习及走上会计工作岗位打下坚实的基础。

3. "做学教合一"

"做"体现职业教育规律和特色，职业教育培养的是高素质的技术技能型人才，强调对学生动手能力的培养，"做"是职业教育进行实践教学的切入点。"学"是指与"先做"连贯衔接的学习，是由"做"而引发的后续学习。它与"先学"不同，学生感受到了理论学习与职业紧密联系，体会到了学的价值和必要性。"教"不是泛泛而教，而是针对学生存在的问题和不足而教，让学生由记忆、理解、接受的被动性学习，变为行动和建构的主动学习。"做学教合一"要求教师关注学生在"做"和"学"过程中产生的需要，适时跟进教学行为，实施教学引导，使"做学教合一"成为学生学习行为和教师教学行为之间密切互动的纽带。

4. "做学教合一"教学模式

该模式是对"教学做合一"教学模式的创新和重构，主张"做"字当头，"学"贯始终，相机而"教"，即根据职业学校学生的特点，从实际操作入手开展教学，将多种教学方法有机整合，按项目加案例的模式安排教学内容，使教学与工作有机地结合为一体，通过任务驱动法，在"做中学，学中做，学中教"，将理论课和实训课融为一体，以培养学生能力为主，调动学生的学习积极性，从而提高学生的学习效率。

"做学教合一"教学模式的构建要达成以下目标：

一是组织、引导会计专业教师进行教学创新，进行教学重点、难点的集体攻关，进行课堂教学改革的实践，探索构建学生主动实践、自主学习及教师有效指导的"做学教合一"教学新模式。

二是优化"会计核算技术"课堂教学结构，改变单向的"师授生受"教学方式，突显学生的主体地位，使师生在平等、和谐的气氛中进行对话、交流与合作，提高专业课程的教学质量。

三是促使教师不断学习职教新理念、改进教学方法，创造性地实施课堂教学策略，提高会计专业教师的双师素质。

四是帮助学生树立学习自信心，养成良好的学习习惯，提高自主学习的能力，形成有效的学习策略，让学生学会学习，主动实践。

五是促进学校完善构建"做学教合一"教学新模式所必需的支撑系统，如完善会计专业教师发展、信息化教学能力提升、课程开发与实施和激励评价等学校管理体制机制，增强财经类专业建设的内涵。

## 四、构建"做学教合一"教学模式的实践探索

### 1. 根据调研结果，优化课程标准

根据研究方案，课题组成员深入各中小企业、会计专业教师和会计专业在校学生及历届毕业生群体，采用调查法，通过走访企业、组织企业专家召开专业建设咨询会、发放调查问卷、组织学生座谈、收集分析网络信息、典型调查和个案研究，了解了在"互联网+会计"背景下企业对一般会计人员综合能力的需求、学生对知识获取和课堂教学的需求及"会计核算技术"课程教师教学方式。具体调研结论如下。

（1）企业对一般会计人员综合能力的需求调研与分析。

调研背景："会计核算技术"课程主要让学生认知会计核算的基本技术，掌握会计核算的基本流程，学会填写凭证、登记账簿、编制报表等会计核算的基本方法，养成会计人员应具备的职业素养及掌握从事一般会计岗位应具备的技能。课题组成员设计了"一般会计人员综合能力需求调查问卷"，选择了30家企业，调查对象以常州地区中小型企业及职业中介机构的财务经理、注册会计师和企业人力资源经理等为主，调查问卷涉及银行、证券、制造、保险、批发和零售贸易、信息技术、咨询、社会服务等各大行业，以试图了解企业的会计人才需求情况和企业对核心岗位所应具备的专业知识、职业能力及相关素质的要求。

会计岗位分析：调查结果显示，目前会计人员主要从事一般企事业

单位和银行系统的出纳、核算、办税、资金管理、仓库核算、内部审计、往来结算、财务管理及财务分析、主管会计、银行柜面出纳、银行信贷、银行结算等岗位，会计师事务所、评估师事务所、税务师事务所、会计咨询服务公司审计助理岗位，以及中小企业收银、仓库保管、物流管理、经济信息收集、财经文秘、统计、工商管理等岗位。通过对调查单位会计人员学历层次的调研，课题组发现在上述岗位中，适合五年制高职学历层次会计人员的主要是理论知识要求不高、技能操作要求比较熟练的岗位，如出纳岗位、核算岗位、往来结算岗位、办税岗位、内部审计岗位，代理记账公司、会计师事务所等中介机构的助理岗位。五年制高职学历层次的会计人员从事出纳和核算岗位的占多数，而这两个岗位的工作内容与五年制高职会计专业开设的"会计核算技术"课程的教学内容密切相关。

会计人员岗位能力、专业能力及素质能力分析：课题组根据《江苏省五年制高等职业教育会计专业指导性人才培养方案》，并结合调研结果，对适合五年制高职学历层次会计人员从事的出纳和核算岗位进行了专项岗位能力、专业能力及素质能力分析。（表1-2-1）

表1-2-1　出纳、核算岗位职业能力分解表

| 工作岗位 | 工作任务 | 需要具备的岗位能力 |
| --- | --- | --- |
| 出纳岗位 | 1. 执行费用开支标准，复核原始报销单据，报销，收付现金、加盖现金收付章及私章<br>2. 执行现金管理制度，管理保险柜<br>3. 保管、签发现金支票<br>4. 登记现金日记账，做到日清月结<br>5. 督促借款人员及时报账、清理未达账项<br>6. 各项经济数据的保密 | 1. 会手工及机器点钞、真假币鉴别<br>2. 能规范书写会计数字<br>3. 会珠算加减法的基本技能<br>4. 能填制、审核原始凭证<br>5. 能填制、审核记账凭证和登记、审核日记账<br>6. 能正确使用保险柜，保管好现金<br>7. 能保管好财务印章与管理好票据<br>8. 能规范现金支票的领用及签发<br>9. 能办理现金收支结算业务，做到程序清楚、全面<br>10. 能办理银行转账结算业务<br>11. 能准确辨别银行结算票据的真伪<br>12. 能准确地填写各类结算票据<br>13. 能保管好各类结算票据<br>14. 能熟练、准确地使用、登记账簿<br>15. 能按照规定进行账实核对，能准确发现和正确处理货币资金结算中出现的差错 |

续表

| 工作岗位 | | 工作任务 | 需要具备的岗位能力 |
|---|---|---|---|
| 核算岗位 | 材料核算 | 1. 协作制定材料目录及编码<br>2. 参与制定材料消耗定额<br>3. 审查、汇编材料采购用款计划<br>4. 进行材料明细核算<br>5. 进行材料清查及账务处理 | 1. 能按规定的程序对存货的收发业务进行管理和控制<br>2. 能按核算要求填制和审核材料收发凭证<br>3. 能按照规定设置并平行登记材料总分类账和明细分类账<br>4. 能独立或在有关部门的协助下进行存货清查，编制存货盘存报告<br>5. 能发现企业存货管理中存在的问题，编制存货管理报告，提出建议，提高企业管理水平，堵塞存货管理漏洞 |
| | 财产物资核算 | 1. 固定资产计价<br>2. 计提固定资产折旧<br>3. 会同有关部门建立固定资产卡片，保证账卡相符<br>4. 协助有关部门进行固定资产更新改造及设备添置<br>5. 参与固定资产投资项目的审定，负责筹集资金<br>6. 控制固定资产修理费用<br>7. 参与固定资产清查、盘点，配合办理固定资产投资、转让、盘亏、报废等手续<br>8. 负责固定资产的会计核算工作 | 1. 能按照规定建立固定资产明细分类账和卡片<br>2. 能建立相关台账和卡片<br>3. 能把握固定资产增加和减少的程序，正确进行相关会计核算<br>4. 能掌握固定资产盘存的方法，能协同有关部门进行固定资产清查，正确编制固定资产盘点报告表<br>5. 能按照公司管理规定对固定资产使用效率进行分析，发现存在的问题，提出合理建议 |
| | 薪酬核算 | 1. 职工薪酬的发放<br>2. 职工薪酬的总分类核算<br>3. 职工薪酬的明细核算 | 1. 能把握国家和企业有关职工薪酬的政策，熟悉薪酬的构成内容及发放标准<br>2. 能正确编制职工薪酬计算表，准确结转职工薪酬，熟悉薪酬发放的业务程序 |
| | 成本核算 | 1. 计算产品生产成本，控制各项费用支出<br>2. 生产费用的分配核算<br>3. 产品成本的核算 | 1. 能准确地审核各种费用原始凭证，依据费用原始凭证进行会计处理<br>2. 能登记成本明细分类账<br>3. 能编制成本计算表<br>4. 能结合企业经营管理特征及要求，采用灵活、合理的方法准确地计算产品成本<br>5. 能根据成本费用的发生，编制成本费用分析表，发现问题，找出控制成本费用的方法，提出合理建议 |

续表

| 工作岗位 | | 工作任务 | 需具备的岗位能力 |
|---|---|---|---|
| 核算岗位 | 财务成果核算 | 1. 收入业务的核算<br>2. 营业成本及期间费用的核算<br>3. 利润总额、所得税费用、净利润、利润分配的账务核算 | 1. 能对与收入相关的原始凭证进行处理<br>2. 能登记收入和费用明细分类账<br>3. 能计算税金及附加<br>4. 能进行企业所得税的计算和会计核算<br>5. 能进行利润的结转、利润分配的会计核算<br>6. 能根据企业财务成果编制利润分析报告 |

从专业能力角度来看，企业认为对于一般会计人员，会计业务理论知识、会计业务综合处理能力、会计业务流程熟悉度是其较为看重的方面，选择这三项的企业分别占调研企业的 26.67%（8 家）、40.00%（12 家）、23.33%（7 家），如图 1-2-1 所示。企业比较希望招到业务上手快、综合能力强、办事效率高的会计人员，选择这三项的企业分别占调研企业的 23.33%（7 家）、50.00%（15 家）、20.00%（6 家），如图 1-2-2 所示。

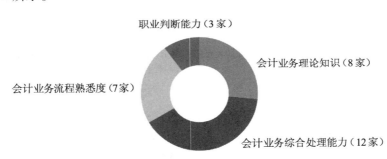

图 1-2-1　企业最看中的业务能力

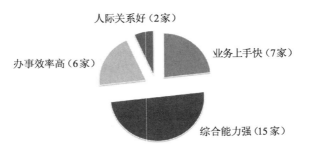

图 1-2-2　企业最希望招到的会计人员

从对会计人员软素质的重视程度来看,部分企业将会计人员的职业道德与忠诚度摆在首位,有一些企业认为虽然高职应届毕业生有较强的可塑性,但他们对企业的忠诚度还不够;企业更青睐踏实肯干,有较强的工作责任心和健康心态,具有良好的团队合作精神和组织协调能力的员工;学习力也是中小企业看重的另外一种关键素质;在各项软素质中,企业对毕业生"学习能力""职业道德""敬业精神""团队合作精神""健康心态"的重视程度高于对"组织协调能力""潜在的领导能力""健康体魄""文化艺术修养"的重视程度,如图1-2-3所示。

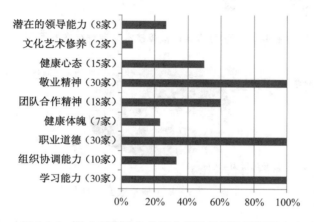

图1-2-3 企业对会计专业毕业生软素质的重视程度

(2)学生对知识获取和课堂教学的需求调研与分析。

课题组为了解五年制高职学生"会计核算技术"课程学习及就业"有用性"情况,针对学过"会计核算技术"课程的在校生设计了"学习情况调查表",针对会计专业毕业生设计了"会计专业毕业生就业岗位及企业满意度调查表"。"学习情况调查表"的调查对象为2013级会计专业学生。调查结果显示,有85.56%的学生都非常重视这门课的学习,认为课程学习内容较为实用;有72.63%的学生在业务理解(操作的原因)环节存在困难,有36.84%的学生在知识记忆(对计算公式、会计分录等的记忆)环节存在困难,有78.95%的学生在知识应用(对知识的学以致用)环节存在困难,还有28.42%的学生在听课(教师的讲解)环节存在困难;此外,有26.32%的学生喜欢具有趣味性的课堂,有18.95%的学生喜欢具有探索性的课堂,有17.89%的学生喜欢以教师讲为主的课堂,有36.84%的学生喜欢做学一体的课堂。(图1-2-4、图1-2-5)

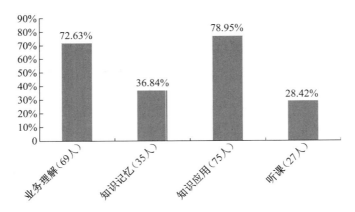

图 1-2-4 学习"会计核算技术"课程存在的困难

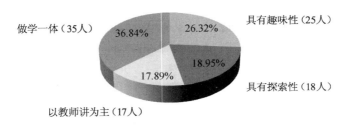

图 1-2-5 学生最喜欢的课堂

"会计专业毕业生就业岗位及企业满意度调查表"的调查对象为2012级会计专业顶岗实习的实习生及2011级会计专业毕业生。调查结果如图1-2-6所示,除去继续升学的学生,有57.14%的学生在会计岗位工作或实习,主要在中小工业企业、商业企业、会计师事务所、代理记账公司从事出纳、核算、助理等岗位,工作内容与"会计核算技术"课程内容密切相关;有62.40%的学生在工作中存在业务流程不熟悉的现象;有68.00%的学生存在工作过程不细致的现象;有28.00%的学生存在团队合作不顺利的现象;有49.60%的学生存在业务操作不熟练的现象。大部分企业表示对学生总体满意,但也有企业提出,希望学校能进一步提高学生的业务理解力、理论知识扎实程度、业务操作熟练程度、业务流程熟悉程度、工作敬业程度和细致程度。此外,还有企业表示学生的 Excel 等 Office 软件应用能力较薄弱,而这些能力在工作中运用较多,在"互联网+会计"时代背景下,希望学校能加强对学生信息技术应用能力的培养。

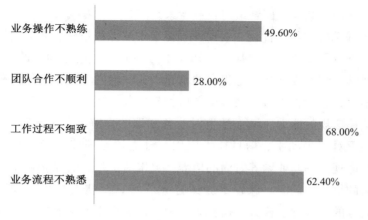

图 1-2-6　毕业生在工作中存在的问题

（3）"会计核算技术"课程教师教学方式调研与分析。

为了解"会计核算技术"课程教师采用的教学方式、提出的教学要求与建议，课题组设计了"教师教学方式调查问卷"，调查对象为上过"会计核算技术"课程的会计专业教师。课题组了解到大部分教师在教学中主要借助多媒体和实物投影等技术，利用学案导学，采用边做边讲、讲练结合的方式进行教学。但在信息化手段的恰当运用、激发学生的学习自主性和探索意识、培养学生的细致程度、业务熟练程度等方面有所欠缺。

对企业、学校和会计专业毕业生三方的调研结果显示，目前企业更需要业务上手快、综合能力强、办事效率高、会计业务理论知识扎实、会计业务综合处理能力强、会计业务流程熟悉度高，具备良好职业道德、职业态度、行为习惯、职业操守、职业技能等职业素养的思考型、发展型、复合型、管理型、创新型的技术技能型人才。"会计核算技术"课程的教学目标和教学内容要与企业实际工作有机对接，让学生在"做"和"学"的过程中学会独立思考，根据工作内容主动探究知识，重在学习分析问题、解决问题的能力，获取知识以外的职业道德、职业态度、行为习惯、职业操守、职业技能等职业素养，提高学生学习主动性、积极性、创造力、创新力和职业能力。在教学手段上，要合理利用信息技术，将信息化作为辅助手段有效解决传统课堂不能解决的难题，激发学生学习的兴趣，同时潜移默化地培养学生应用信息技术的能力，以满足企业提出的加强学生信息技术应用能力培养的要求。

根据调研结果，课题组与企业专家共商共定，对我校"会计核算技术"课程标准进行了优化，对原课程标准中的课程目标、教学内容及评价方式进行了调整：在增强业务知识学习的同时，拓宽学生的知识面，注重对学生细致程度和熟练程度的培养，让学生主动探索工作流程，尝试让学生先思考、先做，强调重在培养学生分析问题、解决问题和学习会计法律法规的能力。增强学生对业务知识的理解、业务流程的熟悉，更加注重对学生动手、信息技术应用、自主学习等综合能力和踏实认真、严谨规范等职业素养方面的培养，突出对学生日后在企业工作核心竞争力的培养。同时，课题组尝试打破"考试"概念，采用理论与操作相结合的综合评价模式，摒弃以知识点记忆为主的考试内容，改为主要考核学生的专业课程学习水平、行为变化和会计职业综合能力，注重采用过程评价与结果评价相结合的方式，促进学生的全面发展。

2. 开展实验班教学，构建"做学教合一"教学模式

（1）"会计核算技术"课程"做学教合一"教学模式设计。

"教学做合一"是20世纪我国著名教育家陶行知先生提倡的生活教育理论的组成部分，是对我国"学思行统一"传统教育思想和美国教育家杜威"从做中学"教学原则的创造性改良。经过不断的教育实践，中华职业教育社社员徐德春先生对陶行知"教学做合一"思想进行了创新和重构，在其1929年出版的著作《做学教ABC》中第一次比较系统地阐述了"做学教合一"理论，指出"做"是联结"学"与"教"的前提和中心，"做""学""教"三者不能被割裂，应该合而为一，因而"合一"是关键。"做学教合一"教学模式充分尊重学生在教学活动中的主体地位，注重理实结合和知行合一，强调培养学生的实践能力、创新能力和职业素养，有利于将职业院校会计专业的人才培养与企业实际需求进行紧密联结，是遵循职业教育规律的优化模式。

五年制高等职业技术学校应学习和借鉴国内外先进的"做学教合一"理念，对传统的"教学做合一"教学模式进行创新和重构，主张"做"字当头，"学"贯始终，相机而"教"，即根据职业学校学生的特点，从实际操作入手开展教学，将多种教学方法有机整合，按项目加案例的模式安排教学内容，使教学与工作有机地结合为一体，通过任务驱动法，在"做中学，学中做，学中教"，探索和实践以"能力本位、实

践主线、项目引领、任务驱动"为特色的实训课程"做学教合一"教学模式,促进学生全面发展。

根据"做学教合一"教学模式的理论研究及"会计核算技术"课程标准的优化成果,课题组成员在班内开展了实际教学,探究了该课程在"做学教合一"教学模式下的具体教学模式(如图1-2-7所示),分为课前准备、课堂教学、课后拓展三大环节,预学初探、概括要点、仿真训练、总结评价、手工训练、拓展提高六个阶段,借助信息化教学资源、会计实训平台及会计手工账务处理方法,实现学生从初识工作情境到了解工作步骤、会做账务处理、熟悉操作流程、熟做账务处理再到精做账务处理的阶段性教学目标。在教学过程中,学生是主体,学生的"做"是核心,能先"做"的要先做,"做"和"学"应贯穿教学的始终;而教师则起主导作用,监控学生学习的各个环节,但这种教不是满堂灌,而是针对学生在做的过程中出现的困惑和解决不了的问题"相机而教"。

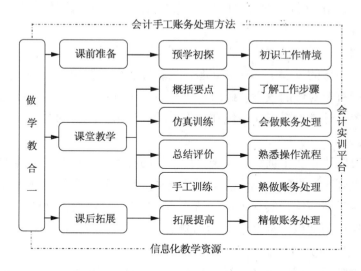

图1-2-7 "会计核算技术"课程"做学教合一"教学模式

(2)各阶段教学过程分析。

第一阶段:预学初探。教师根据教学内容和学生学情借助微课、微视频、Flash动画等信息化资源让学生初步认知工作情境和操作步骤,并将课上教学内容提前分解为若干小知识点让学生先做、先学。而这一阶段的任务应借助网络教学平台来完成，这样不仅能监控学生学习的全过程，及时督促学生完成任务，培养学生的自学能力和动手能力，激发学生的学习兴趣，还能让教师及时了解学生的预学情况并给予反馈，使教师能够根据学生的预学情况进行教学内容的微调。

第二阶段：概括要点。有了工作情境的认知，学生能体会到当前所学与会计工作过程息息相关，领悟到"做"的意义和"学"的目的，此时再进入课堂教学，学生学习的积极性和自主性就会有很大的提高。课上，让学生根据预学内容自主讨论并归纳操作要点，在教师的引导下了解工作情境和操作步骤，不仅为后续的实操奠定了基础，还培养了学生分析概括的能力，让学生成为课堂的主人。

第三阶段：仿真训练。传统教学主要让学生在课上用手工方式来填写凭证、登记账簿，但存在着操作过程演示难、练习结果反馈难、手工耗费时间长的问题。从实际教学效果来看，在初学新业务时，学生的第一次操作若借助会计实训软件、极域电子教室等信息化手段来完成，则能化解传统教学的困境，提高课堂效率，让学生初步实现"会做"。

第四阶段：总结评价。在信息化环境下进行仿真训练，教师能及时掌握学生在做的过程中出现的问题，从软件后台掌握相关数据，并对重难点进行有针对性的教学。此时，再组织学生进行总结评价，能加深学生的印象，让学生对工作情境和操作步骤的认识由先前的初识、了解转变为熟悉。

第五阶段：手工训练。由于会计工作的特点，会计核算技能的教学始终离不开手工教学，此阶段，让学生将信息化环境下做的业务在手工方式下再重新演练，实现了由"虚"到"实"的转换，既能让学生巩固先前所学的知识，符合学生学习规律，又能让学生由"会做"业务向"熟做"业务转变。

第六阶段：拓展提高。新型技能人才对业务不仅要会做、熟做，还要精做。课上教学时间有限，课后的拓展练习能起到巩固新知、提升能力的效果。课后，应让学生有更多的机会接触企业会计人员，了解真实工作场景，做真实业务，这对培养学生的职业兴趣、职业态度等职业素养具有重要意义。

（3）典型案例分析——以"现金支票的填制"为例。

本案例以"会计核算技术"课程中"现金支票的填制"为例，运用课题组设计的"三环六阶"的"做学教合一"教学模式，结合实际课堂教学，将工作情境对应学习情境，借助信息化手段，整合教材教参、网络教学平台、会计实训软件、模拟仿真动画、思维导图软件等资源，从知识、能力、素质三方面确定本课程的三维教学目标。

知识目标：能说出现金支票的填制流程。

能力目标：会独立、正确签发现金支票。

素质目标：养成严谨细致的会计工作作风、树立遵守财经法规的职业道德意识。

具体教学过程如下：

课前，教师通过学习平台整合学习资源，制作出纳填制支票的微视频，让学生初步了解填制现金支票的工作步骤，并从知识和技能两方面入手发布预习任务，一方面让学生认知现金支票，完成平台的预习测验；另一方面让学生练习支票填制过程中数字书写、大小写日期转换等技能。教师通过平台了解学生的预习情况，通过平台讨论或直播课堂参与学生的互动交流，实现了课前"做学教"的有机整合。

课中，通过观看动画，给学生创设情境，通过探索游戏，让学生体验出纳签发支票的全过程，并运用思维导图软件引导学生归纳支票填制过程中的要点，培养学生独立分析问题的能力。为了提高课堂效率，先运用会计实训软件让学生填制现金支票，借助软件的分析结果，教师能精准定位学生的错误点，组织学生针对操作过程中的得与失进行总结评价。实际工作中，大部分企业仍会采用手工方式填支票，此时学生根据软件中的业务在手工方式下进行重新填制，以达到熟练填写的目的。

课后，学生以两人一组为单位互相设计现金支票填写业务，并运用所学知识尝试填制转账支票，实现从"熟做"到"精做"的转变。整堂课以学生"做"为主线，"学"贯始终，教师则相机而"教"，实现了"做学教"三者的有机融合。

（4）"做学教合一"教学模式和传统教学模式在本案例中的对比（表1-2-2）。

### 表 1-2-2 "做学教合一"教学模式与传统教学模式的对比表

| 班级 | A（实验班） | | B（对照班） | | "做学教合一"教学模式的优势 |
|---|---|---|---|---|---|
| 教学模式 | "做学教合一"教学模式 | | 传统教学模式 | | — |
| 技术手段 | "会计核算技术"课程网络学习平台、爱丁数码翰林提技能练习工具、会计实训软件 | | 多媒体投影、实物投影、学案资料 | | 充分利用信息技术辅助教学，能激发学生的学习兴趣，潜移默化地提高了学生应用信息技术的能力 |
| 授课地点 | 会计实训室（多媒体投影、一人一机、交互系统） | | 普通教室 | | 实现平台、软件、书本等教学资源的有机整合 |
| 教学过程 | 环节 | 内容 | 环节 | 内容 | — |
| | 第一阶段：预学初探（初识工作情境） | 环节一：知识准备<br>结合书本和网络空间资源，学习现金支票的理论知识<br>环节二：技能准备<br>完成翰林提财经数码字的书写、日期和数字大小写的转换、现金支票的审核三项技能准备 | 第一阶段：课前预习 | 预习现金支票的理论知识，练习财经数码字的书写、日期和数字大小写的转换、现金支票的审核，并上交纸质作业 | 从知识和技能两方面设置课前任务，任务量和难易度适中，符合学生学情，为课上签发现金支票做好了铺垫，同时也培养了学生的自学能力和动手能力 |
| | 第二阶段：概括要点（了解工作步骤） | 环节一：观看动画，创设情境<br>动画：海蓝公司出纳到银行提取现金48 965元备用<br>思考：如果你是海蓝公司的出纳，该如何填制现金支票<br>环节二：探索游戏，体验过程<br>学生登录学习平台，通过探索游戏，找出海蓝公司出纳在签发支票过程中存在的问题，了解出纳签发支票的流程<br>环节三：绘制导图，归纳要点<br>1. 运用 XMind 思维导图软件画出流程图<br>2. 组内讨论，选出最佳作品，截图上传至平台，师生共同交流，提炼要点 | 第二阶段：实施任务 | 环节一：独立思考，尝试填制<br>业务：2017年2月1日，北京南方股份有限公司开出1 000元的现金支票一张，从银行提取备用金<br>要求：根据学案资料，请你以该公司出纳的身份签发一张现金支票<br>环节二：小组合作，分析讨论<br>根据每位学生填写的支票进行讨论，确定小组成果<br>环节三：实物投影，展示成果<br>每组选出一张现金支票讲解填制过程及要点 | 通过动画，学生体验到了真实的工作场景，与传统的讲授法相比，学生对会计出纳岗位有更感性的认识<br>通过探索游戏，提高了学生学习的积极性，同时学生能直观、清晰、快速地找到支票填制过程中出现的问题，提高了学生学习支票填制要点的效率<br>通过思维导图软件，学生绘制出了个性化的、有助于自己理解的提现业务流程图。与传统教学相比，能更形象地以简洁明了的图形形式表现知识结构，呈现各知识点间的联系。培养了学生综合信息处理能力和独立学习能力 |

续表

| | 环节 | 内容 | 环节 | 内容 | — |
|---|---|---|---|---|---|
| 教学过程 | 第三阶段：仿真训练（会做账务处理） | 环节一：仿真练习，实现会做<br>登录网中网会计实训软件，根据业务内容填写现金支票<br>环节二：了解法律，提升素养<br>说出空头支票的概念及签发空头支票的法律责任 | 无 | 无 | 通过实训软件的操作，学生自主探究，解决问题，与传统教学相比，更能加深学生的印象，提高了教学效率，锻炼了学生应用信息技术的能力，能满足企业对会计人员应用信息技术的要求 |
| | 第四阶段：总结评价（熟悉操作流程） | 围绕三问（学会了什么？做错了什么？有什么疑难？）对业务流程展开讨论 | 第三阶段：总结评价 | 教师根据小组汇报情况引导学生进行归纳，总结出支票填制的要点 | 通过自我反思，加深了学生对业务流程的印象，与传统教学相比，有进一步提高 |
| | 第五阶段：手工训练（熟做账务处理） | 用手工方式将软件中现金支票签发业务进行重新演练 | 第四阶段：课堂练习 | 学生根据归纳的结论，重新填制现金支票，并进行互评 | 回归手工，对知识点进行重新练习，既实现了信息化教学与传统教学的有机结合，又起到了巩固新知的作用 |
| | 第六阶段：拓展提高（精做账务处理） | 1. 以两人一组为单位，学生互相设计现金支票填写业务<br>2. 利用会计实训基地，学生以出纳身份，体验签发支票的全过程，并拍成视频上传平台<br>3. 尝试签发转账支票 | 第五阶段：课后练习 | 1. 根据业务填写现金支票<br>2. 预习签发转账支票的内容 | 通过角色扮演，学生将所学知识串联，完整地体验了签发支票的全过程，提高了学生的专业技能，培养了学生的岗位能力 |

（5）"做学教合一"教学模式下的教学效果。

在"做学教合一"教学模式下，合理借助了信息化手段解决了传统教学中的教学难题，激发了学生学习的积极性和自主性，提升了学生的职业技能，提高了会计教学质量。具体表现在：

① 解决难题。实训软件和平台的运用，解决了传统教学中业务流程讲解难、操作过程演示难、学习结果反馈难的问题；同时无形中还锻炼了学生应用信息技术的能力，能满足企业对会计人员应用信息技术的要求。

②激发兴趣。动画让学生体验了真实的工作场景，通过探索游戏，学生能自主探究出业务流程，通过绘制思维导图，学生能独立梳理出知识框架，枯燥抽象的内容变得生动具体，能激发学生的学习兴趣，提升学生的自主学习能力。

③提升能力。翰林提等技能工具的运用、实训场所的利用将教学内容和职业技能有机融合，通过预学初探、概括要点、仿真训练、总结评价、手工训练、拓展提高六个阶段的"做""学""教"，学生实现了从初识工作情境到了解工作步骤、会做账务处理、熟悉操作流程、熟做账务处理再到精做账务处理的转变，形成了完整的知识框架，对业务有了充分的理解，从而提升学生的理论知识水平和职业技能水平。

经过一个阶段的教学，课题组在授课教师相同、学生学习基础相同、教学进度相同、试题相同的前提下分别对实验班和对照班进行了阶段测验，测验结果如图1-2-8、图1-2-9、图1-2-10所示。从学习成绩来

图1-2-8　实验班阶段测验成绩分布图　　图1-2-9　对照班阶段测验成绩分布图

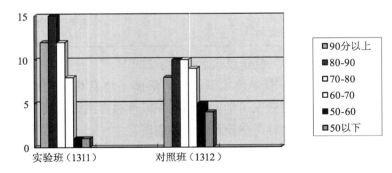

图1-2-10　阶段测验成绩对照图

看，实验班的测验平均分要高于对照班，高分率和中等率均高于对照班，虽然也存在个别同学不及格的情况，但不及格率要明显低于对照班。从学习积极性和主动性来看，除个别学生外，实验班多数学生学习该课程的积极性和主动性均要高于对照班。可见，"做学教合一"教学模式对传统较枯燥、难讲透的"会计核算技术"课程教学质量的提升起到了一定的积极作用。

同时，通过"做学教合一"教学模式在课堂教学中的运用，学校会计专业学生分别在2016年、2017年、2018年会计技能大赛中取得了会计项目市赛2金6银6铜、省赛4金1银的好成绩。

④ 满足学生需求。对于实验班，课题组设计了学习效果调查问卷。从图1-2-11统计的调查结果可知，多数学生表示能完成课堂任务，能较全面和深入地掌握所学知识，能在理解的基础上掌握知识，会自主寻求解决困难的方法，课堂互动合适，氛围活跃，愿意参与课堂，课堂内容针对性、实用性强，与传统课堂教学相比，现在的课堂教学更有利于知识的深入掌握，更喜欢目前的上课方式。

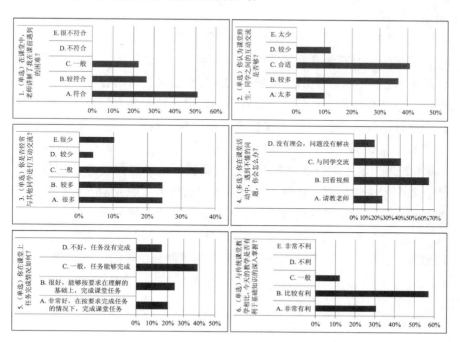

图 1-2-11　实验班学生学习情况调查

### 3. 延伸课后拓展，引入企业创新实训

在前期"做学教合一"教学模式的研究成果基础之上，课题组在2014、2015、2016级"会计核算技术"课程教学中均采用了"做学教合一"教学模式。在实施新教学模式后，学生整体的业务知识理解能力、动手能力、自主学习能力、信息技术应用能力等与往届学生相比均有所提升，但学生发现问题、分析问题、解决问题的能力未有明显提升，还未能较快地熟悉业务处理流程。经过研讨，课题组发现出现这些问题的原因在于："会计核算技术"课程的教学内容有很强的专业性和操作性，教师在教学中虽然力争做到"知识模块与工作任务有机对应""理论教学与技能实践有机对接""知识运用与岗位实践有机结合"，但教学内容仍是教师设计的仿真训练，与实际工作仍存在一定差异，无法将学生置身于真实的工作环境中，以至于教学中出现的有些业务处理流程问题教师也很难解决。为此，课题组在后期的研究中，在"做学教合一"教学模式的"课后拓展"环节做了深入研究，尝试引入了企业创新实训，让学生在课后有更多的机会接触企业会计人员，了解真实工作场景，做真实业务。

"会计核算技术"是会计专业学生学习的第一门系统的专业实践课程，是学生学习其他专业实践课的重要基础，也是学生走上会计工作岗位的基本技术保障，其教学内容与代理记账公司工作内容相符。课题组与常州华鼎会计服务有限公司、常州市仁通会计服务有限公司、常州市信力会计服务有限公司三家校企合作单位深度合作，利用下午第3、4节课和"实训周"的时间组织安排"会计核算技术"课程的企业实训（表1-2-3），学生进行认知学习、企业调研、业务咨询和工学交替。邀请企业专家来校宣讲，让学生了解企业对会计人员职业素养和职业能力的要求；组织学生进入企业参观、考察，让学生了解公司发展与企业文化；安排学生到企业交流调研、观看工作流程、进行工学交替，让学生接触企业真账，从而将校内的"做学教"延伸到校外的"做学教"。

表 1-2-3　"会计核算技术"课程企业创新实训实施安排表

| 项目 | 内容 | 拓展目标 | 具体拓展安排 | 教学时间 |
|---|---|---|---|---|
| 企业创新实训 | 认知学习 | 使学生认知会计工作的流程、内容和职业特点，引导学生踏入会计专业的大门，为"会计核算技术"课程学习打好基础，激发学生的学习兴趣 | 利用下午第3、4节课的时间分批组织学生进入江苏嗨购网络科技有限公司、常州华鼎会计服务有限公司、常州市仁通会计服务有限公司、常州市信力会计服务有限公司等校企合作单位进行参观学习，了解公司发展与企业文化，与会计工作和财务人员"零距离"接触，了解会计人员的工作流程、职业素养和职业能力要求，培养学生的学习兴趣 | 第一次新课结束 |
| | | | 利用下午第3、4节课的时间邀请企业专家进行主题讲座，让学生认知财会专业、了解会计专业学生必备的职业技能和职业素养 | 前两周课程期间 |
| | 企业调研 | 使学生深入了解各会计岗位的工作任务和能力要求、财务部及企业各部门之间的联系，培养学生独立思考和分析问题的能力 | 利用下午第3、4节课的时间组织学生在授课教师和企业师傅的共同指导下深入校企合作单位常州华鼎会计服务有限公司、常州市仁通会计服务有限公司、常州市信力会计服务有限公司调研，与企业会计人员深入交流，观看工作流程，形成书面小结 | 每两章内容结束后/一学期根据情况安排2~3次 |
| | 业务咨询 | 通过细化实践内容，培养学生敏锐的市场洞察力和准确的判断力，同时培养学生的表达沟通和工作创新能力 | 利用下午第3、4节课的时间组织学生在授课教师和企业师傅的共同指导下分批进入校企合作单位对课程学习中出现的疑惑点进行咨询，解决学习中出现的困惑，体验真账实操 | 每两章内容结束后/一学期根据情况安排2~3次 |
| | 工学交替 | 让学生运用课堂学习的专业知识分析和处理生产实践中的问题，培养学生勤恳踏实的工作态度、良好的职业能力和职业素养，为后续课程的学习打下基础 | 按照学生和企业的双方意向，选拔安排学生到校企合作单位常州华鼎会计服务有限公司、常州市仁通会计服务有限公司、常州市信力会计服务有限公司进行短期工学交替，完成从凭证—账簿—报表的真实操作，其余学生在企业师傅和授课教师的共同指导下完成模拟账操作，由班主任、校内指导教师、实习单位师傅共同管理 | 全部课程内容结束后安排一周实训周 |

### 4. 校企共建，开发"会计核算技术"课程网络学习平台和校本教材，形成教学资源

会计教学涉及的企业信息量大、跨度长、变化多，课题组与校企合作单位合作开发教学资源，有效运用信息化教学手段，使学生充分运用网络信息资源，为教与学构设了高效的教学情景。教师则引入企业的真实会计业务、视频、图片及微课等教学资源，增强教学的直观性和趣味性，使学生通过动手操作来体验会计实际工作的标准和要求，实现自主、快乐的学习。

为此，课题组创建了"会计核算技术"课程网络学习平台，并拓展开发了"会计综合实训"网络教学资源，开发了 34 个微视频，线上设计了 200 多个任务点以辅助课程教学。同时，还开发了"会计核算技术"课程校本教材，将有关资源进行了整合。在教学中采用引导探究、任务驱动、直观教学、小组讨论、思维导图等多种教学方法及会计软件、微课、Flash 动画、任务书引导等各类教学手段，通过做、问、练、听、议、说、思等多种学习活动，使教师与学生之间、学生与学生之间形成有机整体，激发学生的创造思维，从而激活会计课堂，促进教学的成功。同时，课题组建设了会计专业群数字课程资源项目，尝试探索线上观看视频与线下实操教学相结合的 O2O 专业课程教学模式，以缩短线下集中授课时间，提高技能教学效率和效果。

### 5. 辐射推广教学模式，成效显著

教师积极参加各类培训、听取各方意见、不断学习职教新理念、改进教学方法，创造性地实施课堂教学策略，会计专业教师的双师素质和动手能力不断提高。通过发表参评论文、开设公开课、参加各级技能大赛、教学大赛，将"做学教合一"教学模式进行推广应用，取得了一定成效：会计专业群于 2018 年 6 月被评为"江苏省职业学校现代化专业群"，课题组共撰写教学案例 4 篇、教学设计 10 篇；开设校级公开课 12 节、市级公开课 4 节；参加会计技能大赛，1 人获省一等奖；指导学生参加市会计技能大赛，3 人获一等奖、6 人获二等奖、3 人获三等奖，参加省会计技能大赛，5 人获一等奖、1 人获二等奖，参加省创业计划项目，1 人获二等奖、1 人获三等奖，参加全国会计技能大赛，获团体一等奖 1 项；制作江苏联合职业技术学院（以下简称"联院"）微课作品 5 例，作品均已通过联院验收，被省电化教育馆收录；2 名教师分

别参与联院教材《会计综合业务训练》《经济法基础认知》编写；新增主持课题 5 项；教师团队参加信息化教学设计比赛，获市一等奖、省二等奖；共在省级以上期刊发表论文 11 篇，其中在核心期刊发表论文 1 篇；论文获省职业技术教育学会优秀论文评比二等奖 1 篇、三等奖 2 篇，联院五年制高职教育人才培养模式创新论文二等奖 1 篇，省财会技能教学创新发展论坛二等奖 1 篇，全国财会技能教学创新发展论坛一等奖 1 篇；"技能大赛对职业学校会计专业建设的影响研究"项目获常州市教育科学"十二五"优秀成果一等奖。同时，承办了 2017 年江苏省中等职业学校教师会计技能培训、市中心组培训、市技能大赛现金盘点项目培训会，与青岛市财经商贸类专业建设指导委员会做了交流，在各项会议上，课题组成员交流教学经验，推广"做学教合一"教学模式。

## 五、"做学教合一"教学模式实施的思考与展望

### 1. 实现"做学教合一"教学模式改革和创新的途径思考

五年制高职会计专业人才的培养是一项系统性工程，"会计核算技术"课程"做学教合一"教学模式的构建应兼顾企业岗位需求、职业学校及学生的具体实际，将会计专业课程逐渐从学科教学的思维中彻底剥离出来，改变"师授生受"的教学传统。要以"能力本位、实践主线、项目引领、任务驱动"为教学特色，通过"做中学，学中做，学中教"，激发学生的学习内驱力，培养学生的会计职业素养和职业能力，推进会计专业师资向双师型、专家型转变，以教学模式的改革与创新来促使学生学习方式和教师教学方式的改变，有效促进五年制高职会计专业的内涵发展和服务经济社会发展的能力。实现"做学教合一"教学模式改革和创新有以下途径。

（1）构建"会计核算技术"课程"三环六阶"的"做学教合一"教学模式。

"会计核算技术"课程可按照"知识模块与工作任务有机对应，理论教学与技能实践有机对接，知识运用与岗位实践有机结合，校内实训与企业实训有机融合"的思路，依据会计岗位的工作流程和任务，科学整合和序化知识、技能和能力模块，采用"做"字当头、"学"贯始终、相机而"教"的方法，从实际操作入手开展教学。通过课前准备、

课堂教学、课后拓展三大环节，预学初探、概括要点、仿真训练、总结评价、手工训练、拓展提高六个阶段，借助现代信息技术、会计仿真实训平台，开展校内实训，利用企业实训资源，进行"工学结合"，让学生在学习过程中有更多的机会接触企业会计人员、观看工作流程、接触企业真账，了解企业对会计人员职业素养和职业能力的要求，实现学生从初识工作情境到了解工作步骤、会做账务处理、熟悉操作流程、熟做账务处理再到精做账务处理的阶段性教学目标，以培养业务上手快、综合能力强、办事效率高、会计业务理论知识扎实、会计业务综合处理能力强、会计业务流程熟悉度高、具备良好职业道德、职业态度、行为习惯、职业操守、职业技能等职业素养的思考型、发展型、复合型、管理型、创新型的技术技能型人才。

（2）打破三个"概念"，改革和创新课程教学方式和评价方法。

打破"讲课"概念，理实融通，突出职业性。要打破"讲课"概念，以体现会计工作流程、特点和要求的真实项目为载体，项目应由若干个轮廓清晰、难度适宜的任务组成，相关任务嵌入在工作过程情境化的真实学习活动中。项目的完成分为任务引入、分组研讨、小组分工、整合修改、成果展示、任务评估等主要步骤。学生围绕项目，以小组为单位进行合作式学习，强调学生处于教学的中心地位，在做中学，教师将理论融于任务中，在做中教，充分发挥学生的自主性、主体性。项目完成后，要求学生进行成果展示，师生、校企合作单位专家共同对项目工作成果进行评价。通过在真实环境中的"做学教合一"，培养学生会计职业技能和综合素质。

打破"教室"概念，融入信息技术，突出开放性。要打破"教室"概念，以信息技术为载体，将网络资源、教室、实训室、行业企业等多种空间融入"大课堂"，构建立体式、开放式的全新教学时空。会计教学涉及的企业信息量大、跨度长、变化多，课堂中应以企业实例为线索，有效运用信息化教学手段，使学生充分运用网络信息资源，为教与学构设高效的教学情景。教师要引入企业的真实会计业务、视频、图片及微课等教学资源，增强教学的直观性和趣味性，使学生通过动手操作来体验会计实际工作的标准和要求，实现自主、快乐的学习。在教学中，应采用引导探究、任务驱动、直观教学、小组讨论、思维导图等多种教学方法及微课、Flash动画、任务书引导等各类教学手段，通过做、问、练、听、议、说、思等多种学习活动，使教师与学生之间、学生与学生之间形成有机整体，激发学生的创造思维，从而激活会计课堂，促进教学的成功。

打破"考试"概念，多维多元评价，发展学生能力。要打破"考试"概念，采用理论与操作结合、闭卷与开卷结合、校内与校外结合多样的综合评价模式，摒弃以知识点记忆为主的考试内容，改为主要考核学生的专业课程学习水平、行为变化和会计职业综合能力，并通过分组协作，使学生之间相互促进，互相为师，互相评价。注重采用过程评价与结果评价相结合、课内学习与课外实践相结合、教师评定与企业评价相结合、个人自评与小组评价相结合的方式，做到客观、公平，通过对学生的职业能力和综合素质通用能力的评价，促进学生的全面发展。此外，学校要主动与财政、税务等部门联系，开展职业技能鉴定工作，为学生获取会计类技能等级证书和职业资格证书提供便利。

（3）校企共建教学资源，为教学模式的实施提供物质保障。

"做学教合一"教学模式的改革，需要有适合企业要求的软硬件作为支撑条件。学校要与企业合作共建集全真实景教学与校内企业实践于一体，体现"做学教合一"特色的高水平示范性会计实训基地及教学资源，做到硬件设施先进，软件和资源紧跟企业最新技术，尤其是在财务软件使用上要与企业"零距离"对接，为实现仿真模拟向实战操作转变、教师向经理转变、学生向职员转变提供可能，做到学习即工作。要改变校企合作仅仅为学生提供实习岗位的单一合作模式，将合作的领域逐步拓宽到共享优质资源、合作开发项目、专业教师实践、课程改革指导、专业调研论证、学校为企业员工进行能力培训等，在拓展校企合作空间的同时，实现学生、学校和企业的三方共赢。此外，学校可以成立"会计服务公司"，为中小型企业提供业务服务。该实体公司为在校学生提供实战机会的同时，也为教师实践及收集课改实践资料提供帮助。

（4）构建多位一体、配套衔接的机制，保障师资队伍培养的质量和效率。

职业教育的师资对五年制高职会计专业实训课程体系的有效实施发挥着至关重要的作用，学校要积极创设教师专业发展的良好环境，建立多渠道的教师培养机制。要实施"名师塑造工程"，加强专业带头人、骨干教师和"双师型"教师队伍建设，提升会计专业教师的专业能力和研究能力；要完善"青年教师培养工程"，鼓励中青年教师提升学历层次，并组织中青年教师参加会计手工账务处理、会计电算化项目的实务操作和命题制题等教学培训，并与优秀企业合作开发教学资源库；要培育"优秀教学团队"，建立由专业带头人领衔，具有"职业性"和"实践性"特色的会计名师工作室，通过参与企业研发项目，锻炼教师的实际工作能力，拓宽、挖深和拔高教师的专业知识和专业技能；要健全"教师下企业锻炼制度"，安排教师深入企业，了解企业职业岗位变化和工作任务更新情况，熟悉企业的工作流程和工作情境，提高教师的实践能力；要调优"专业师资结构"，做好人才引进工作，对高学历、高技术、高职称的师资在政策上予以倾斜，积极从企事业单位聘请兼职教师，实行专兼职结合。

五年制高职会计专业人才的培养是一项系统性工程，教学模式的改革与创新应兼顾企业岗位需求、职业学校及学生的具体实际，将会计专业课程逐渐从学科教学的思维中彻底剥离出来，改变"师授生受"的教学传统。要激发学生的学习内驱力，培养学生的会计职业素养和职业能力，推进会计专业师资向双师型、专家型转变，以教学模式的改革与创新来促使学生学习方式和教师教学方式的改变，有效促进江苏省五年制高职会计专业的内涵发展和服务经济社会发展的能力。

2. 实践中存在的主要问题与不足

（1）课程资源建设不完善。

由于会计政策更新较快，校本教材和网络学习平台等相关教学资源（如微视频、动画、习题等）的开发仍有不完善之处，需要及时根据相关政策进行更新和优化。

（2）教师信息化资源开发能力薄弱。

由于"做学教合一"教学模式需要依靠信息技术来支撑教学的实施，信息技术资源的开发显得尤为重要，而在课改实践和研究过程中，发现教师的信息化水平有限，在信息技术手段应用方面还跟不上课改的脚步。可从微课制作、网络空间开发等方面进行研讨，通过校本培训、企业指导、自我研修等方式提高教师信息化资源开发能力。

（3）学生个体存在差异。

"会计核算技术"课程是在学习"基础会计""财务会计"课程基础上开设的会计基础实训课程，具有综合性、应用性特点。由于在学习该课程之前，学生的理论基础水平参差不齐，在"做学教合一"教学模式下，多数学生理论水平和技能水平得到了提高，但仍有个别学生存在学习困难、不能及时完成课内外学习任务的现象。可根据不同学生的性格、学习习惯、基础施行统一指导与个别指导，尤其要加强课后的学习辅导工作，使后进生紧跟学习队伍。

### 3. 今后研究方向

通过研究实践，我们发现要切实提高专业课的教学质量，培养学生良好的学习习惯，提高学生的学习能力，促进"做学教"的可持续发展，充分调动学生学习的积极性，变学生被动学习为主动学习，变客体为主体，变学习知识为训练能力，仍要在以下几方面加大研究力度。

（1）进一步优化课程标准。

随着学生、企业需求的不断变化，课堂实践的不断总结，要对"会计核算技术"课程的课程标准不断进行调整，不断整合优化课程体系、推进实训基地建设、研讨适合学生的教学方法和教学手段、建立适应职场要求的多元化课程评价体系。

（2）进一步提高课堂教学效果。

要根据实际教学将"做学教合一"教学模式和传统教学模式结合起来，吸取传统教学模式中的精华，正确处理"做学教合一"教学模式中的不恰当之处，重视课堂教学手工处理环节的基础作用，从而切实提高课堂教学效果。

（3）进一步提升教师能力。

在后续的研究过程中，课题组会继续促进会计专业教师信息化教学能力和业务技能水平的提升，将数字化专业课程、网络课程等运用到会计专业教学中，使教学变得形象具体，以丰富教学手段，提高"会计核算技术"课程教学效率。

（4）进一步推广应用教学模式。

课题组会不断总结归纳阶段性课题研究成果，通过发表论文、参加各级各类竞赛等形式，辐射推广"做学教合一"教学模式的研究经验和成果，从而提升会计专业课程的整体教学质量。

# 专题 3

# 会计专业建设与技能大赛有效融合的实践研究

**TIPS 开篇语**

"普通教育有高考,职业教育有技能大赛"。技能大赛作为我国职业教育的一项制度创新,吸收了行业发展的前沿技术,反映了最新的国家职业技能标准及企业岗位能力要求,起到了引领职业学校专业建设的作用,也赋予了职业学校专业建设新的内涵。职业学校应该顺应技能大赛要求,优化专业建设,不断加强双师型师资队伍建设、实训基地建设和学生实践技能训练,不断加强校企合作、工学结合,深化课程改革。

技能大赛倡导的"行行出状元""人人有才,人人可成才"的现代人才观和重视技能、重视创新和尊重高素质技能型人才的文明风尚,打破了社会上长期以来形成的重理论、轻技能的偏见和以学历、学位为本位的人才观。本专题围绕技能大赛与专业建设的互动关联,通过分析技能大赛对职业学校会计专业建设的积极影响,明确技能大赛背景下职业学校会计专业建设的思路,提出技能大赛项目与企业深度对接,与专业拓展、与实训基地建设、与"项目导入,任务驱动"的项目化教学改革、与教学团队建设等有机融合的理念和创新举措;同时,基于技能大赛背景下有效、高效的会计专业建设的框架,以赛促教,教研结合,围绕项目课程的实施,提出会计实务课程"三维人机并行式""珠算加减动码快速入门法"等独特创新的教学方法,对同类院校的专业建设和课程改革产生了很强的现实指导意义,并具有较好的推广价值。

## 一、技能大赛与会计专业建设的互动关联分析

全国和省市的职业学校技能大赛是面向社会、企业及生产岗位的社会性活动，已成为职业教育发展的风向标。举办职业学校技能大赛，是贯彻落实党中央、国务院大力发展职业教育方针政策的一次重要举措，对深化校企合作、工学结合、顶岗实习等技能型人才培养模式改革，形成"普通教育有高考，职业教育有技能大赛"的人才评价与选拔制度，引导社会进一步重视和支持职业教育有着重要意义。

国家级和省级技能大赛的竞赛项目体现了"既要符合国家最新职业技能标准，又要贴近生产实际；既能涵盖新知识、新工艺的关键环节，又能真实反映学生的技能水平"的办赛宗旨，从而突出职业教育教学内容改革的针对性、实用性与操作性要求，且能够突出专业特点，以及能增强学生的动手能力和临场应变能力。会计职业技能大赛的最终目的在于通过竞赛强化学生的职业技能，提高学生的综合素质，培养学生解决实际问题的能力，这与职业学校会计专业的培养目的是一致的。因此，在实践中要转变观念，结合行业要求将职业技能大赛要求融合到会计专业建设之中，以技能大赛优化会计专业人才培养方案、改革课程体系、创新教学方法、调整教学计划、完善评价体系，把训练优秀学生参加大赛得到的成功做法和经验推广到平时的职业教育之中，丰富会计专业建设的内涵，实现教学质量和竞赛成绩的双丰收，最终让学生具备较高水平、较高技能和综合素质，从而自信、成功地迈向社会。

江苏省教育厅《关于在全省职业学校建立和完善技能大赛制度的意见》（苏教职〔2008〕40号）中指出，要将技能大赛内化到职业教育人才培养目标和教学过程中，内化到职业教育服务经济社会的功能中，实现技能大赛由阶段性工作向常态性工作转变，由少数师生参与向全体师生参与转变，真正形成"普通教育有高考，职业教育有技能大赛"的新局面。随着技能大赛的常态化、制度化，技能高考的指挥棒必将引导职业教育的办学方向实现战略转移，职业学校必须坚持职业发展导向的人才培养模式，重视教学改革和创新实践教育，注重培养学生的创新意识和动手能力，不断探索高素质技能型人才培养方法，通过大力开展专业课程改革，搭建各种创新实践平台，以技能大赛为重要载体，使专

业建设与技能大赛直接对接。对技能大赛优秀选手的升学奖励、加分奖励、技能等级证书奖励、荣誉奖励、就业奖励等优惠政策的实施，也必将刺激职业学校加强专业建设，使专业建设更好地服务于技能大赛。以下三个概念要清晰把握。

（1）技能大赛。

本专题所指的技能大赛特指由教育部门牵头，政府相关部门、行业协会、企业等联合举办的一种技能竞赛，是专业覆盖面最广、参赛选手最多、社会影响最大、联合主办部门最全的职业学校技能赛事，是我国教育制度的创新，是教育工作的一次重大制度设计。全国、省级和市级的技能大赛已经成为职业教育改革发展成果展示的平台、职业学校与行业企业合作交流的平台、职业教育教学效果检验的平台、职业学校学生专业技能发展的平台。参赛选手是符合有关规定要求的中等职业学校、高等职业学校在籍学生，并且通过选拔赛产生。

（2）专业建设。

专业建设是指职业学校对已开办的某一专业在人才培养模式、课程、专业教学团队、实践教学条件等方面的建设。专业建设是教学内涵建设的核心，是提高教学质量和科研水平的关键，是提高人才培养质量的关键，关系到学校的办学层次和综合竞争能力的提升。

（3）技能大赛对会计专业建设的影响。

本专题主要研究技能大赛对会计专业建设的积极影响。技能大赛的竞赛项目设置和学校的专业建设密切相关，技能大赛的导向功能首先体现在技能大赛的竞赛项目设置上。技能大赛吸收了行业发展的前沿技术，反映了最新的国家职业技能标准及企业岗位能力要求，起到了引领职业学校专业建设的作用。职业学校应将会计职业技能大赛要求融合到会计专业建设之中，以技能大赛优化会计专业人才培养方案、改革课程体系、创新教学方法、调整教学计划、完善评价体系。

## 二、国内外对技能大赛的功能与价值取向研究现状

全国和省市的职业学校技能大赛是我国职业教育的一项制度创新，目前对于职业技能大赛专项课题研究的资料和成果还较少。查阅中国知网学术文献总库近几年收录的资料，有 100 余篇文章涉及对职业学校技

能大赛的功能作用、影响力和价值取向等的论述，研究内容主要包括以下几个方面。

1. 关于技能大赛制度、机制的研究

黄旭升和董桂玲（2012）从背景与历史、目的与宗旨、制度与机构及项目设置等方面对世界技能大赛和我国的全国职业院校技能大赛进行了比较，并提出了全国职业院校技能大赛的发展方向。史文生（2010）指出中等职业教育通过定期举办技能竞赛，并使之制度化和规范化，形成"普通教育有高考，职业教育有技能大赛"的新局面，这是职业教育工作的一项新的重大制度设计与创新。中等职业教育技能竞赛制度化的基本目标有两个，即全员化和常规化。实现中等职业教育技能竞赛制度化的基本条件是建立健全技能竞赛的组织管理机制、安全机制、评判机制、激励机制和校企合作机制等。此外，史文生（2010）还详细分析了职业教育技能竞赛对职业教育发展的影响、对学校发展的影响、对教育教学的影响、对教师发展的影响、对学生发展的影响、对校企合作培养模式的影响，并从职业教育制度的构建原则、目标、安排、实施等方面提出了技能竞赛可持续发展的策略。

2. 关于技能大赛价值功能的研究

张秋玲（2011）指出高职院校学生职业技能大赛作为学校人才培养的重要环节，应始终坚持面向全体学生、提高人才培养质量这一价值取向。这一价值取向的显性表现主要体现在职业技能大赛的人本价值、教育学价值和社会价值三个方面。游静和熊艳兰（2011）着力探讨了国家级职业技能大赛的举办对教师及学科建设方面的影响，量化了职业技能大赛对学生的具体影响，分析了职业技能大赛对校企合作、实训基地建设等方面的影响。刘焰（2010）认为职业教育技能大赛是近年来提出的评价教育教学建设和发展的思路，在实践中取得了很好的效果，并且探讨了国家级职业技能大赛的举办对职业教育专业建设、课程体系、师资队伍培养、实训条件建设、校企融合、开放性办学及学生综合职业素质的培养等方面产生的作用和影响。杰克·杜塞多普（2008）提出导师们的教育和专业发展，是任何技能培训制度的基石；吸引年轻人加入技能培训越来越困难。

3. 关于技能大赛对专业建设的影响研究

徐彤和杜文龙（2010）从师资队伍建设、专业课程改革、实验实训建设、校企合作及学生职业技能素质五个方面阐述了职业技能大赛对专业建设的促进作用。刘洪海（2012）通过课证赛与会计专业课程建设关联性的研究与分析，提出发挥技能证书和技能大赛对会计专业课程建设的促进和引领作用，优化会计专业课程建设的路径，从而有效提升会计专业课程的发展水平。

## 三、技能大赛背景下会计专业建设的理论依据和建设思路

1. 实践探索的理论依据

（1）文献依据。

江苏省教育厅《关于在全省职业学校建立和完善技能大赛制度的意见》（苏教职〔2008〕40号）中明确指出，要将技能大赛内化到职业教育人才培养目标和教学过程中，内化到职业教育服务经济社会的功能中，实现技能大赛由阶段性工作向常态性工作转变，由少数师生参与向全体师生参与转变，真正形成"普通教育有高考，职业教育有技能大赛"的新局面。

江苏联合职业技术学院《关于深入推进课程改革工作的通知》中明确提出，大力推行任务驱动、项目导向、工学结合等理论与实践相结合的教学模式，融"教、学、做"为一体，强化学生能力培养。要着力提高教学的有效性和高效性，从根本上改变以教师为中心、以课堂为中心、以教材为中心，学生被动学习、被动训练、被动接受的状况。要让教师不仅仅是知识的传授者和技能的培训者，而且应当是学生学习活动的组织者、探求知识的引导者、掌握技能的指导者、提升素质的教育者。

《全国职业院校技能大赛实施规划（2017—2020年）》中明确提出，要进一步优化赛事结构，进一步完善校级、省级、全国技能大赛体系和选手逐级选拔的制度。协调解决好量大面广专业、行业特色突出小众专业和新兴专业的设赛要求，进一步提高技能大赛的专业覆盖率。发挥技能大赛作用，突出技能大赛以职业教育在校学生为对象的特点，引导倒逼专业教学改革与建设；把握技能大赛反映行业发展前沿和新兴产业的机会，推动职业院校的专业设置与结构改革；发挥技能大赛联系职

业院校和生产企业的优势，促成和深化职业院校与用人企业的合作。

（2）现代教育理论依据。

我国近现代职业教育的重要奠基人黄炎培先生提出，"办职业学校的，须同时和一切教育界、职业界努力地沟通和联络"，并强调办职业教育要"着重在社会需要"，同时"必须注意时代趋势与应走之途径"。

20世纪后叶，建构主义的教学观盛行于西方。建构主义强调人的主体能动性，即要求学习者积极主动地参与教学，在与客观教学环境相互作用的过程中，学习者自己积极地建构知识框架。建构主义理论给现代教育教学有益的启示是：教学绝不是教师给学生灌输知识、技能，而是学生通过驱动自己学习的动力机制积极主动地建构知识的过程，课堂的中心应该在于学生而不在于教师，教师在课堂教学中应该是引导者、促进者和帮助者。

杜威把"从做中学"贯穿到教学领域的各个主要方面，诸如教学过程、课程、教学方法、教学组织形式等都以"从做中学"的要求为基础，形成了"不仅塑造了现代的美国教育，而且影响了全世界"的活动课程和活动教学。

2. 技能大赛背景下会计专业的建设思路

围绕技能大赛与专业建设的互动关联，通过分析技能大赛对职业学校会计专业建设的积极影响，明确技能大赛背景下职业学校会计专业建设的思路，构建在技能大赛背景下有效、高效的会计专业建设框架，形成与技能大赛协调配套的教育理念、人才培养方案、师资结构、教学模式及实训基地，不断提高会计专业的人才培养水平。主要开展以下四个方面的研究：一是要进行技能大赛对人才培养方案优化的研究，包括根据市场调研报告，按照职业实践的逻辑顺序，建立适应职业岗位（群）所需的学习领域和课程，整合、优化专业课程体系；二是要加强技能大赛对课程改革推动作用的研究，包括课程教学模式、教学方法和评价方式等的优化研究；三是要深化技能大赛对提高教师专业素质的研究，包括技能大赛对提升专业师资的实践动手能力和理实一体化能力的研究；四是要重视技能大赛对校企合作推动作用的研究，包括校内实训基地培植和完善的研究、校外教学资源有效利用的研究。

## 四、技能大赛对会计专业教育的促进作用探析

1. 技能大赛引导人们树立"行行出状元"的现代人才观

技能大赛打破了社会上长期以来形成的重理论、轻技能的偏见和以学历、学位为本位的人才观。国家和社会需要多种多样的人才，当今社会对人才素质的要求，最重要的就是能力和创新。技能大赛倡导的"行行出状元""人人有才，人人可成才"的现代人才观和重视技能、重视创新和尊重高素质技能型人才的文明风尚，使新的求学观、择业观和人才观在全社会蔚然成风。

2. 技能大赛引导学校与企业深度对接，共同探索人才培养新模式

会计职业技能大赛依据财政部最新颁布的《企业会计准则》、现行税法及企业岗位实际要求进行命题，体现以就业为导向。职业学校会计专业必须改变长期以来会计教育与会计职业脱节的局面，和企业接轨，才能提升职业教育的吸引力。因此，学校要深入市场调研，加强与社会的联系和沟通，详细了解地方经济活动的现状和趋势，紧跟社会发展需要和会计职业要求的变化，不断丰富专业建设内涵，优化整体课程结构，打造品牌专业，形成技能大赛与专业建设互动机制。

同时，师生参加会计职业技能大赛取得的优异成绩极大提升了学校会计专业的声誉，促进会计专业品牌效应的形成，带动了相关专业群的整体提升。通过多年优质资源的积淀，会计专业拓展了财务信息管理方向，并成功申报了金融管理与实务专业。会计职业技能大赛中的点钞项目、翰林提项目的数字录入和汉字录入等技能训练，也在国际贸易实务专业、商务英语专业得到了广泛的推广，财经专业群的教学质量得到了行业企业的普遍认可。

3. 技能大赛促进"项目导入，任务驱动"的理实一体化教学改革

会计职业技能大赛对选手的理论知识与实践技能进行综合考核，考核内容和考核要求明确，为创新实践教学模式提供了新的载体和切入点。技能大赛检阅学生的会计岗位通用技术和职业能力，引导教学过程向"理实一体化"方向发展，推动实践操作与理论学习整合，理论学

习向实践操作渗透，教室、实训室及工作场景相融合，充分发挥教师的主导作用，让学生在"做中学，学中做"。同时，在教学中渗透"项目引领"理念，以"逼真任务"为驱动，提高教学质量。

4. 技能大赛引导职业学校重视技能训练，优化实训教学平台建设

会计职业技能大赛所用财务软件和设备均来自企业生产一线，促进了职业学校根据实际教学和大赛需要，更新实训设备设施，增加实训工位，保证实训场地设备设施的配套性和先进性。技能大赛有力推动了以大赛为导向的实训教学平台的建设。技能大赛促使职业学校积极寻求企业的资金、技术和设备支持，改善实训条件，校企共建实训基地，形成优势互补、资源共享、互利共赢的长效机制。

5. 技能大赛对师资队伍建设和培养具有重要的推动作用

技能大赛引导会计教学过程与会计工作过程、会计教学内容与会计职业规范的深度对接，要求教师深入企业精准把握实际岗位职业要求和工作流程；技能大赛要求专业课教师既要掌握扎实的专业理论知识，又要具备较强的实践操作能力，促进教师通过不断学习，提升个人能力；技能大赛引领职业学校文化课教师与专业课教师开展协同合作，促使文化课教师根据企业岗位的实际情况和专业特点，改革文化课教学内容，在课堂教学中渗透职业领域的问题，增强学生运用所学知识解决现实问题的能力。

6. 技能大赛有助于提升学生的综合素质

技能大赛的考核内容和要求十分明确。学生通过有计划的刻苦训练，自信心得到增强，动手操作能力迅速提高，同时养成了良好的团队合作精神及承受压力和挑战的心理能力。通过技能大赛这一平台，学生的综合素质不断提升，就业、谋业、创业能力不断增强。

## 五、技能大赛背景下会计专业建设的实践

课题组从选题背景出发，通过梳理相关领域的文献资料，对近几年全国、省市职业技能大赛的竞赛过程、竞赛结果等情况进行研究，对会计职业技能大赛的现状进行分析。使用问卷调查法、访谈法对相关职业学校的教师、管理者、学生就技能学习、技能大赛现状进行调研及走访

企业数十名管理及专业技术人员,对企业会计人才需求现状进行深入了解,分析职业学校财会专业技能大赛对专业建设带来的积极影响,提出优化会计专业建设的对策,为职业学校会计专业建设和技能大赛的健康发展提供可参考的建议。

1. 以职业岗位能力为主线,构建"基本素质—职业能力—岗位应用"逐层递进的三位一体课程体系

(1)社会需求分析,形成职业岗位调研报告。

调查对象以常州地区(含武进、金坛、溧阳)的中小企业及职业中介机构的财务经理、注册会计师和企业人力资源经理等为主。共发放调查问卷150份,回收132份,有效问卷112份。调查问卷涉及银行、证券、制造、保险、批发和零售贸易、信息技术、咨询、社会服务等行业。通过调研,掌握企业对毕业生的需求与评价,明确会计专业在地方经济建设中的战略地位。调研结果如表1-3-1、表1-3-2、表1-3-3、表1-3-4、表1-3-5所示。

表1-3-1　中小企业招聘会计专业毕业生的主要学历层次调查分析

| 项目 | 大专 | 本科 | 研究生及以上 |
| --- | --- | --- | --- |
| 企业数 | 84 | 63 | 7 |
| 比例 | 75.0% | 56.3% | 6.3% |

从表1-3-1关于中小企业对会计岗位人员的需求统计结果可知,需求量最大的是大专学历,占75.0%;其次是本科学历,占56.3%;只有6.3%的中小企业需要研究生及以上学历层次。调查数据表明,近年来随着常州地区产业不断发展壮大,企业用工需求量也逐步增大。中小企业因其经营规模不大,经济业务相对简单,考虑到节约人力资源成本和人员稳定性等因素,往往将大专学历层次毕业生作为首选,高职院校培养的高素质技能型人才受到中小企业的普遍欢迎。

表1-3-2　中小企业对会计人员专业知识和相关知识的要求调查分析

| 项目 | 政治理论知识和法律知识 | 计算机知识 | 英语知识 | 统计知识 | 会计业务知识 | 财务管理知识 | 市场营销、保险、证券基本原理知识 |
| --- | --- | --- | --- | --- | --- | --- | --- |
| 企业数 | 42 | 35 | 21 | 28 | 84 | 63 | 35 |
| 比例 | 37.5% | 31.3% | 18.8% | 25.0% | 75.0% | 56.3% | 31.3% |

由表 1-3-2 可知，中小企业认为会计业务知识和财务管理知识是会计人员最为重要的专业知识，选择这两项的中小企业分别占 75.0% 和 56.3%；会计作为一种政策性很强的职业，有 37.5% 的中小企业要求会计人员必须具备一定的政治理论知识和熟悉法律、法规、政府政策；除了扎实的基本业务知识外，中小企业还要求会计人员熟悉一定的统计、市场营销、保险、证券和计算机基础知识；而英语知识在会计工作中的运用较少，不太受到中小企业的重视。

表 1-3-3　中小企业对会计人员的能力要求调查分析

| 项目 | 会计手工账务处理能力 | 经营管理能力 | 计算机和财务软件应用能力 | 税务业务处理能力 | 财务管理能力 | 审计能力 | 社会协调能力 | 语言表达能力 | 择业创业能力 |
|---|---|---|---|---|---|---|---|---|---|
| 企业数 | 50 | 35 | 70 | 56 | 21 | 14 | 63 | 42 | 7 |
| 比例 | 44.6% | 31.3% | 62.5% | 50.0% | 18.8% | 12.5% | 56.3% | 37.5% | 6.3% |

表 1-3-4　高职院校应届毕业生欠缺的能力调查分析

| 项目 | 专业理论 | 知识面 | 工作经验 | 职业适应能力 | 责任心 | 专业技能 | 创新能力 | 语言文字表达能力 | 实践动手能力 |
|---|---|---|---|---|---|---|---|---|---|
| 企业数 | 15 | 49 | 70 | 30 | 28 | 14 | 42 | 27 | 21 |
| 比例 | 13.4% | 43.8% | 62.5% | 26.8% | 25.0% | 12.5% | 37.5% | 24.1% | 18.8% |

由表 1-3-3、表 1-3-4 可知，除了会计手工账务处理能力外，当今中小企业越来越重视税务处理，税务业务处理水平的高低已经成为衡量一个会计人员业务能力的重要标志之一；随着企业信息化的普及，会计人员的计算机运用能力，包括财务软件和办公自动化软件（尤其是 Excel 电子表格）的熟练运用，是企业最基本的要求；在市场经济条件下，企业生产经营的社会化程度越来越高，企业会计人员与银行、工商、税务等相关单位联系越来越紧密，企业要求会计人员具备较好的社会协调能力和语言表达能力，且这种要求带有普遍性。调查数据显示，企业工作经验、知识面、创新能力、职业适应能力、责任心和语言文字表达能力是高职院校应届毕业生迫切需要加强的能力。

表 1-3-5　中小企业对会计人员的素质要求调查分析

| 项目 | 学习力 | 组织协调能力 | 团队合作精神 | 敬业精神 | 文化艺术修养 | 职业道德与忠诚度 | 健康体魄 | 健康心态 | 潜在的领导能力 |
|---|---|---|---|---|---|---|---|---|---|
| 企业数 | 70 | 45 | 91 | 84 | 21 | 101 | 21 | 49 | 7 |
| 比例 | 62.5% | 40.2% | 81.3% | 75.0% | 18.8% | 90.2% | 18.8% | 43.8% | 6.3% |

由表 1-3-5 可知，90.2%的中小企业将会计人员的职业道德与忠诚度摆在首位，有一些中小企业认为虽然高职应届毕业生有较强的可塑性，但对企业的忠诚度还不够；中小企业更青睐踏实肯干，有较强的工作责任心和健康心态，具有良好的团队合作精神和组织协调能力的员工；学习力也是中小企业看重的另外一种关键素质；在各项"软素质"中，中小企业对毕业生"职业道德与忠诚度""团队合作精神""敬业精神""学习力""健康心态"的重视程度高于对"组织协调能力""文化艺术修养""健康体魄""潜在的领导能力"的重视程度。

所以，高职会计专业毕业生的就业单位主要是中小企业。中小企业因资本实力不够雄厚，经营规模小，考虑到节约人力资源成本和人员稳定性等因素，往往偏向于招聘大专学历层次毕业生作为其会计人员。因此，高职会计专业毕业生受到中小企业的普遍欢迎。高职会计专业毕业生的主要就业岗位包括出纳、核算、记账、主管会计、资金管理、内部审计、仓库核算及各大事务所的助理工作人员岗位。

（2）职业分析，进行工作分析和专项能力分析。

借鉴加拿大以能力为本位的 CBE 理论和 DACUM 方法，参照财政部颁发的最新《企业会计准则》《会计基础工作规范》及职业资格鉴定等相关部门制定的上岗资格和技能等级要求，完成会计岗位的工作任务与职业能力分析工作。

（3）形成目标，构建高职会计专业模块化课程体系。

课题组在对会计职业岗位的工作任务与职业能力分析的基础上，进行行动领域和学习领域的开发，构建了"基本素质—职业能力—岗位应用"逐层递进的三位一体课程体系（图 1-3-1）。该课程体系环环相扣，以实践为导向，突出项目教学和案例教学相结合的特色，按照"基本素质""职业能力""岗位应用"这三个阶段层层递进，逐步提升学生的综合职业能力和职业素养，突出会计职业岗位操作技能。

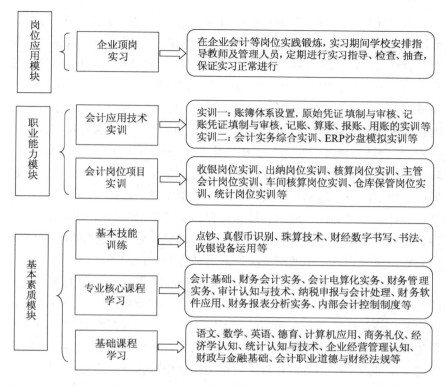

**图 1-3-1 高职会计专业"基本素质—职业能力—岗位应用"课程体系示意图**

高职会计专业"基本素质—职业能力—岗位应用"课程体系的课程设置体现"新""实""优"三大特点:"新"是指课程设置紧跟市场经济的需求而变化,主动适应区域经济发展和行业需求,为培养学生的就业竞争力和创新精神服务;"实"是指课程设置注重实践性教学环节,突出理论的应用,强调实践能力的综合培养;"优"是指在满足社会需求和学生学习需求的前提下优化了课程设置,淡化了课程的学科体系。

"基本素质"模块由"基础课程学习""专业核心课程学习""基本技能训练"三个子模块构成,主要培养学生的职业基本素质和良好的职业态度,是会计专业教学的基础和关键环节。其中,"基础课程学习"子模块主要学习与职业素养相关的人文社科知识;"专业核心课程学习"子模块将理论教学与会计实践基础业务处理进行结合,推行"任务驱动,行动导向"的理实一体化教学模式。

"职业能力"模块由"会计岗位项目实训"和"会计应用技术实

训"两个子模块构成,是最核心和最系统的实践教学模块。其中,"会计岗位项目实训"子模块以岗位工作实践为核心,以项目为载体,依据企业会计实际岗位的设置开展岗位专项实训,如出纳核算岗位、往来核算岗位、投资核算岗位、存货核算岗位、固定资产核算岗位、无形资产核算岗位、成本核算岗位等,通过"教、学、做一体化"的岗位训练,增强学生的感性认识,培养学生分析问题、处理问题的能力及实践操作技能;"会计应用技术实训"子模块主要通过模拟中小企业的会计工作环境进行混岗实践,使学生全面系统了解企业会计工作循环,掌握填制凭证、登记账簿和编制会计报表过程中的操作技能和技巧,提高学生对基础会计、财务会计、成本会计等课程相关理论的综合应用能力。ERP沙盘实训是模拟会计行业整体宏观环境,将学生分组,各组学生担任相应管理角色,训练学生的财务决策能力和综合分析能力。

"岗位应用"模块是安排学生进入企业顶岗实习,让学生到企业一线的会计等相关岗位去体验工作、体验社会、体验企业的经营管理,是学生的实战演练阶段。企业顶岗实习实行学校、系部两级管理,由学校招生就业办扎口,教务处、学工处、产培处等部门共同参与实习的宏观管理,系部对学生实习进行直接管理。建立由班主任、专业教师、校外实习单位的人力资源部门管理人员构成的实习辅导员管理队伍,与企业共同负责学生顶岗实习期间的培训教育工作,帮助学生在实践中掌握理论,并用理论指导实践。

2. 技能大赛项目与课程改革相融合,促进"项目导入,任务驱动"的理实一体化教学改革

(1)以"项目导入,任务驱动"的思路,开辟了职业教育课堂教学的新路径。

课题组根据会计职业技能大赛项目任务综合性的特点,以"项目导入,任务驱动"的思路,科学构建技能项目,重新设计和组织教学内容,在教学中渗透"项目引领"理念,以"逼真任务"为驱动,提高教学质量,开辟了职业教育课堂教学的新路径。这里的课堂是广义的概念,泛指进行各种教学活动的场所,包括教室、工作室、校内外实验实训场地等。以项目为导向的课堂教学目的是让学生学会工作,强调学习内容即工作内容,通过工作实现学习。多元智力理论表明,职业学校学生的形象思维突出,应让学生在动手操作实践中直接体验和构建自身的

知识和技能体系。项目教学强调以学生为中心,完成一个完整的"项目"工作,能极大促进学生对知识的理解,有效激发学生的学习兴趣。因此,采用项目教学更适合会计岗位的细化和应用型人才的培养。

① 以"工作小组"学习方式开展项目教学。项目课程以工作结构为主线将会计专业理论与实践进行整合,教师在课堂上采用"工作小组"的学习方式开展教学。教师坚持平衡原则划分工作小组,每组搭配不同能力水平和个性的学生,小组规模根据项目情况和教学要求确定,学生成为实施和完成项目的主体。项目教学一般按照"提出任务目标—制订目标计划—组织项目实施—项目总结评价"四个教学阶段进行。如成本核算岗位中的"成本费用核算"这一内容,通过项目教学的实施(图1-3-2),既有利于提高学生学习的积极性、自主性和自信心,又能发挥每个学生的特长,增强学生的沟通能力和合作精神。

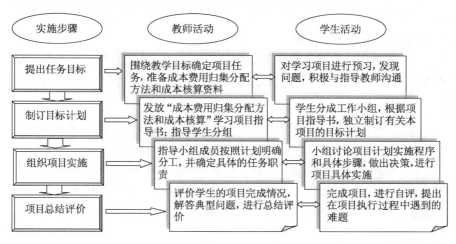

**图1-3-2 "成本费用核算"项目教学实施步骤示意图**

② 会计职业技能大赛对选手的理论知识与实践技能进行综合考核,考核内容和考核要求明确,为创新实践教学模式提供了新的载体和切入点。根据目前企业会计领域先进技术和大赛要求的变化,结合不断丰富的教学资源,进一步开发新的专业实训教学项目,设置"基础会计实训""ERP实训""财务会计实训"等实训项目,引导教学过程向"理实一体化"方向发展,推动实践操作与理论学习整合,理论学习向实践操作渗透,教室、实训室及工作场景相融合,充分发挥教师的主导作用,让学生在"做中学,学中做"。

③ 根据会计职业技能大赛的特征和大赛选拔选手的要求，优化课程的实施顺序、考核标准。将"基础会计"课程提前一个学期实施，推行"理实一体化"教学，在"基础会计"课程中增加原始凭证的填制与审核内容，将会计原理与实际工作紧密结合，同时增加"会计电算化"课程的上机练习，让学生初步接触"会计电算化"的账务处理，为下一轮学习"财务会计"和"财会综合实训"课程夯实基础。在保证原有技能教学项目实施的基础上，调整了高职一、二年级技能教学项目的实施顺序和考核标准，如将珠算、点钞等会计基本技能的训练贯穿到各个学期。此外，还依据国赛标准，优化点钞课程，包括优化点钞方法、操作流程、考核程序和标准等。

④ 将会计职业技能大赛与课程开发相融合，调整数字录入课程的训练方式和训练场地，由原来在机房的单一训练改为用技能大赛专用设备翰林提训练，并增加"会计基本技能"课程的实训课时，提升会计专业基本技能的训练效果。

⑤ 在原有金蝶财务软件教学资源基础之上进行"用友 T3 软件"的教学，保证技能大赛中反应的行业最新要求在日常专业教学中得以普及。

⑥ 在教材选用上，除了选用江苏联合职业技术学院指定教材外，在教学中还使用技能大赛最新成果资源《会计综合模拟实验》等教材。

⑦ 形成与教学训练相配套的课件、视频、试题库等教学资源。主要包括会计实务各章的实训业务资料、上课视频、系列试题库；各种点钞法教学视频、课件；传票录入教学视频、课件；教学设计、教学案例；等等。

（2）以技能大赛项目课程有关内容为重点，开展课程和资源建设。

技能大赛推动了课程开发和课程资源建设工作，会计职业技能大赛项目中的点钞、珠算、会计电算化、会计手工实务等项目，有力地促进了会计专业的课程教学改革，开拓了会计课程与资源的扩展空间，江苏联合职业技术学院精品课程"会计应用技术实训"在同期精品课程建设中以较好的成绩通过了结项验收。同时，在课程资源建设方面，以技能大赛项目为基点，突显会计专业精品课程的内涵建设，不仅关注会计专业课程建设与地方经济发展的吻合度，深度开展会计岗位领域的校企合作，而且校本教材、教学案例和习题库也获得大量的更新与开发，加

专题3　会计专业建设与技能大赛有效融合的实践研究

快了会计课程教学录像和教学课件的建设，课程实践环境建设取得了明显的成效，在会计教学模式、手段、方法等方面进行了大胆尝试和探索，积极推动着财经类课程的教学改革，展示了课改成果，提升了会计课程的教学质量，呈现了会计专业高职教育的鲜明特色。

（3）以技能大赛项目设备为载体，以技能大赛核心技能为依据，积极创新技能教学方法和开发校本教材。

在技能大赛的促进下，会计技能的教学与训练都形成了科学的训练体系和独具特色的训练方法。例如，在珠算基本加减法教学中，用无诀动码入门法代替传统的口诀加减法；在点钞教学中，引入手按式单指下切式和手持手四指多指法等。会计专业正积极探索与企业共同合作，融合会计职业技能大赛核心技能与设备，将这些优秀的教学成果进行建设，开发出相关的校本教材、电子课件和微课资源等运用于日常教学。

（4）围绕技能大赛开展日常教学研究。

会计职业技能大赛项目与日常的专业教学有着紧密联系，技能大赛更多展示的是会计岗位技能的应用，围绕会计职业技能大赛的各个项目内容，各专业教师在日常教研活动中进行不断的探究与运用，提炼出有效课堂教学的一般性策略：

① 实施"三步备课法"策略，提升备课实效。采用电子备课，实行资源共享。备课采取"博众之长，彰显个性"的做法，改变原来教师备课"单打独斗"的局面。第一步由备课组长安排教师每人承担一块内容，即主备，完成后传给同组其他教师；第二步其他教师将他人主备的教案抄写在自己的教案本上，同时结合自己所教班级学生的认知水平对该教案进行二次备课，然后将教案交由教研组长签字后方可运用到课堂教学；第三步教师在教学中根据学生的课堂反映边教边改，及时撰写教学后记。这种既有教师群体合作共同研究又融入教师个性色彩的备课设计大大提高了备课效率，同时又避免了以前备课中的不合理性，提高备课实效。

② 优化课堂教学过程策略。会计技能的课堂教学要注重实效，采用的技能教学方法要符合学生实际。针对技能教学的特点，提出教学的基本要求——"精讲精练"。"精讲"就是说课堂教学要注重重难点内容的讲解，要讲透这些内容，对于一般陈述性的知识由学生预习完成。"精炼"就是要求学生在听清要求、弄清程序的基础上，先准再快，力

求高效。

③ 有效作业设计策略。作业安排要能满足不同层次学生的需要，在质和量上都有阶梯，避免一刀切。作业设有基础题和提高题，对于基础差的学生，要求其能模仿练习，逐步完成作业；对于中等水平的学生，作业安排要能适当完善其课堂学习的知识并使其有适当提升；对于学有余力的学生，作业安排要有适当补充，增加提高题。针对技能课程的特点，还总结出作业过程中的具体要求，如动作的要求、程序的安排、熟练性、准确性与时间性的要求等。这对提高作业的效果起到了十分明显的作用。

（5）围绕技能大赛训练方法的有效性，创新课程教学方法。

会计专业教师根据课程特点形成了独特的课堂教学方法。例如，会计实务课程的"三维人机并行式"教学方法；会计电算化课程的"设疑—探究—归纳"教学方法；基本技能训练课程的"点钞技能微格教学法"、"珠算加减动码快速入门法"、"传票录入快慢流程训练法"、提高技能训练质量的"反馈与递进提升法"等。

（6）引入技能大赛评价方式，创新课程考核多元评价体系。

借鉴技能大赛评价方式，创新课程考核评价方式，对学生项目课程学习情况的考核评价打破了"平时测验—期中考试—期末考试"的传统模式，采用"职业能力"考评新模式，形成有效的学生评价策略。教师结合企业会计岗位工作流程，细化会计岗位的知识与技能要求，明确考核标准，分阶段进行考评，全面衡量学生的学业水平。在"基础会计""财务会计""财务软件运用"等课程中，积极引入教师、学生、职教专家、企业技术骨干和职业技能鉴定机构，形成多元考评主体。在考评过程中，教师注重研究学生的个体差异，用发展的眼光来看待学生，挖掘学生的潜在能力和素质，更多地肯定和鼓励学生的优点和进步。考评做到不仅关注学生的学习结果，更关注学生的学习过程。

考评内容包括学生的知识掌握情况、工作完成情况、沟通交流、团队合作、问题解决处理和参与度等方面。学期考核：根据课程教学内容，按照平时成绩、理论考核、实训操作三部分进行考核，分块加总确定本门课程的最终成绩。① 平时成绩占10%。依据：课堂表现+作业成绩+进步情况。② 理论考核占20%。主要内容：基本理论和基本方法。③ 实训操作占70%。

### 3. 推进"校企合作"走向"校企融合"

① 系部初步建立"校企政"三方对话机制，成立校企合作工作室，由政府相关部门、行业企业专家、高校专家组成专业建设指导委员会，形成组织保障机制。采用专家咨询、问卷调查、上门研讨等方式就专业规划、专业方向拓展、人才培养方案完善、课程设置、课程标准制定、教学资源建设、教学质量评价标准制定等方面展开合作，取得了较好的效果。

② 学校建立企业人才资源库，有计划地聘请在行业中有经验、有影响力的技术骨干和管理人员来校兼课，使专业教学与社会行业需求紧密联系，让学生能了解企业的需求，尽快提高自身的素质。如与常州金鹰嘉宏购物广场有限公司、常州天越会计师事务所有限公司等多家企业进行深度合作，共同开发会计专业"岗前培训"校本课程，主要有"职场会计""快乐收银""职业生活中的服务礼仪技巧""职业妆容我最靓""用'心'求职，成就自己""创业教育"等内容，聘请职业经理人、企业专家来校讲课，教学方式多样，深受学生喜爱。

③ 会计职业技能大赛依据财政部最新颁布的《企业会计准则》、现行税法及企业岗位实际要求进行命题，体现以就业为导向，促使职业学校积极寻求企业的资金、技术和设备支持，改善实训条件，校企共建实训基地，形成优势互补、资源共享、互利共赢的长效机制。技能大赛促进了学校积极和企业接轨，与相关国有、合资及独资企业、部分事业单位建立起长期合作伙伴关系，它们也成为学校会计专业学生实习实训基地。学校与中国银行常州分行、常州金鹰嘉宏购物广场有限公司、常州华鼎会计服务有限公司、常州市金浩财务代理有限公司等多家企业签订《校企合作协议书》和《实习基地协议书》并挂牌，形成责权落实机制，保证了学生实习实训工作的有效开展，提升了会计专业的吸引力。

④ 会计职业技能大赛所用财务软件和设备均来自企业生产一线，促进了学校根据实际教学和大赛需要，更新实训设备设施，增加实训工位，保证实训场地设备设施的配套性和先进性。目前，会计专业建有基础会计实训教学平台、审计实训教学平台、电子报税实训教学平台、会计综合实习平台等，邀请企业专家参与实训室功能规划、室内布置、设备配置及技术标准的建设，以使校内实训场地的氛围更接近企业的真实情景。引入现代企业文化和管理制度，在实训场地推行以整理、整顿、

清扫、清洁、素养、安全、节约为基本理念的"7S"管理方法，变粗放式的管理为科学化、精细化的管理，让学生感受企业工作氛围和文化，提升学生的职业素养。会计专业不断加强技能实训基地建设，通过了江苏省职业教育高水平示范性实训基地建设立项。

**4. 技能大赛项目与教学团队建设有机融合，促进教师专业能力不断提升**

技能大赛引导会计教学过程与会计工作过程、会计教学内容与会计职业规范深度对接，要求教师深入企业精准把握实际岗位职业要求和工作流程，要求专业课教师既要掌握扎实的专业理论知识，又要具备较强的实践操作能力，促进教师通过不断学习，提升个人能力。学校采取一系列积极有效的措施，为中青年教师提供平台，输送教师参加教学和技能等业务培训，邀请高校会计专家团队对学校会计专业教师进行会计手工账务处理、会计电算化项目的实务操作和命题制题的培训，并合作开发教学资源库。促进教师深入企业，了解企业职业岗位变化和工作任务更新状况，熟悉企业的工作流程和工作情境，将企业标准引入学校，加速教师队伍的成长，一支结构合理、德艺双馨的专业技能教学团队初步形成。

① 加强专业带头人、骨干教师和"双师型"教师队伍建设，实施"名师塑造工程"。2名教师入选省会计集训队教练组，指导选手参加国赛，被授予"江苏省职业院校技能大赛先进个人"称号；1名教师在市技能大赛和省技能大赛中，均获得了教师组一等奖；1名教师被评为常州市骨干教师。此外，财经专业教师的研究能力和专业能力得到提升，撰写的多篇论文在省级以上刊物发表。

同时，技能大赛引领职业学校文化课教师与专业课教师开展协同合作，促使文化课教师根据企业职业岗位的实际情况和专业特点，改革文化课教学内容，在课堂教学中渗透职业领域的问题，增强学生运用所学知识解决现实问题的能力。

② 鼓励中青年教师在5年内通过进修获得硕士学位，提升教师的学历层次，并组织青年教师参加教学和技能等业务培训，完善"青年教师培养工程"。2名教师分别获得江苏省两课评比"示范课"和"研究课"；2名教师分别获得江苏联合职业技术学院微课教学设计比赛"一等奖"和"二等奖"。

③ 完善教师下企业挂职锻炼制度，安排教师深入企业，了解企业职业岗位变化和工作任务更新状况，熟悉企业的工作流程和工作情境，不断提高教师的实践能力。

④ 按照专业发展规划做好人才引进和培养工作，对高学历、高技术职称师资紧缺专业在政策上予以倾斜，积极从企事业单位聘请兼职教师，实行专兼结合，改善学校师资结构。

⑤ 发挥教研室科研管理网络的优势，强化教改，提高教师整体素质，充分发挥教研室作用，进一步提高教学质量。

5. 技能大赛与技能教学融合，班级学生和集训队员的技能水平普遍提高

基于技能大赛发展形势，课题组已经对技能教学的内容和时间序列组合进行了完善和补充。技能教学的内容涵盖了会计基本技能和专业技能。技能教学的内容增加不少，但是总体教学时间没变。从实践来看，由于教与学的有效性提高，班级学生的整体技能水平与同期相比有较大幅度的提升。下面对点钞（包括单指、多指）和翰林提录入两个项目的同期成绩进行比较。

（1）班级学生整体技能水平的提升情况。

测试时间：点钞为 5 分钟；翰林提为 10 分钟。

表 1-3-6　班级学生整体技能水平的提升情况

| 数据采集时间点 | 学生来源 | 点钞单指单张年级平均成绩 | 环比提高幅度 | 点钞多指多张年级平均成绩 | 环比提高幅度 | 翰林提传票录入年级平均成绩 | 环比提高幅度 |
|---|---|---|---|---|---|---|---|
| 2017-6-30 | 会计 2016 级 | 3.6 | — | 4.1 | — | 124 | — |
| 2018-6-30 | 会计 2017 级 | 5.1 | 41.7% | 5.7 | 39.0% | 151 | 21.8% |
| 2019-6-30 | 会计 2018 级 | 6.5 | 27.5% | 7.1 | 24.6% | 195 | 29.1% |
| （相对于基期的提高幅度） | | | (80.6%) | | (73.2%) | | (57.3%) |

由表 1-3-6 可知，两年多来，各项目班级学生的整体水平有明显的提升，课题研究的成果让所有学生受益。

（2）集训队优秀选手水平的提升情况。

测试时间：点钞为 5 分钟；翰林提为 10 分钟。

表 1-3-7　集训队优秀选手技能水平的提升情况

| 数据采集时间点 | 学生来源 | 点钞单指单张年级平均成绩 | 环比提高幅度 | 点钞多指多张年级平均成绩 | 环比提高幅度 | 翰林提传票录入年级平均成绩 | 环比提高幅度 |
|---|---|---|---|---|---|---|---|
| 2017-6-30 | 2016级会计集训队 | 11 | — | 14 | — | 279 | — |
| 2018-6-30 | 2017级会计集训队 | 14 | 27.3% | 19 | 35.7% | 357 | 28.0% |
| 2019-6-30 | 2018级会计集训队 | 16 | 14.3% | 21 | 10.5% | 453 | 26.9% |
| （相对于基期的提高幅度） | | | （45.5%） | | （50.0%） | | （62.4%） |

由表 1-3-7 可知，两年多来，课题组加强技能教学与训练的有效性研究，力求科学训练，高效训练，会计专业集训队整体技能水平稳中有升。我校会计专业选手在与同类学校选手的竞赛中，成绩在全省乃至全国均名列前茅。

6. 开展会计职业生命教育，培养优秀的职业人

随着经济社会的发展，企业已不仅限于要求会计人才具备专业知识和技能水平，而是更看重员工的综合素质。学校倡导"幸运教育、幸福成长"的教育理念，把专业教育、人文教育与生命教育有机地结合起来，使学生明确个人素养与职业人生的关系，不断提升生命的价值，学校着力打造具有自信阳光的气质、文明有礼的品质和创新创业的特质的高素质技能型人才，高度重视学生的职业生命教育。

会计专业构建并实施"学生德育活动框架体系"，分层次、分阶段，以"爱校尊师""非专业能力""专业能力""心理健康教育""职业理想与规划""就业创业教育"等为主题，通过会计专业"五个一"工程、国钧讲堂、三创（创新、创业、创意）俱乐部、"优才培养"工程、社团活动、就业创业明星评选、钢琴邀请赛及"让优秀成为习惯"教育体验等系列经典职业生命教育活动，培养学生树立正确的人生观和价值观，促进学生个体职业生命价值的实现，从而追求有效的会计职业人生。

总之，职业学校应该顺应技能大赛要求，优化专业建设，不断加强"双师型"师资队伍建设、实训基地建设和学生实践技能训练，不断加强校企合作、工学结合，深化课程改革。技能大赛与会计专业建设融

合，还需要在以下方面不断探索：一是要建立以竞赛促日常教学、以日常教学带竞赛的良性循环机制。会计职业技能大赛吸收了当前会计行业发展的前沿技术，反映了最新的会计职业技能要求和行业对技能型人才的需求。因此，用技能大赛的标准来折射出会计专业相关课程建设和教育教学中存在的问题，寻找优化路径，是切实可行的，也是行之有效的。学校内部要建立以竞赛促日常教学、以日常教学带竞赛的良性循环机制。二是要建立岗位轮换制，加强"双师型"教师队伍建设。技能大赛的核心价值在于建立一种促进发展的倒逼机制，技能大赛引导会计教学过程与会计工作过程、会计教学内容与会计职业规范深度对接，要求教师深入企业精准把握实际岗位职业要求和工作流程，既要掌握扎实的专业理论知识，又要具备较强的实践操作能力，这样才能较好地指导学生。而目前职业学校师资结构还不合理，理论型教师多，实践型教师少，合格的"双师型"专业教师仍需要培养，教师个人能力和信息化素养还亟待提升。学校可建立岗位轮换制，使专业教师能有时间和机会与企业紧密联系。三是要优化人才培养方案，建立多元化课程评价体系。需要进一步优化在"4.5+0.5"学制下的高职会计专业人才培养方案，注重技能大赛项目和课程的融合，发挥技能大赛的最大效用，并建立适应职场要求的多元化课程评价体系。四是要校企共建实训基地，创造良好的技能实训条件。会计专业应利用省职业教育高水平示范性实训基地建设中的配套资金，做好实训基地的规划，同时积极寻求企业的资金、技术和设备支持，校企共建实训基地，形成优势互补、资源共享、互利共赢的长效机制，解决学生学习缺少企业真实项目的问题，为学生创造良好的技能实训条件，使更多的学生受益。

**参考文献**

[1] 黄旭升，董桂玲. 世界技能大赛与我国全国职业院校技能大赛之比较 [J]. 职业教育研究，2012（02）：19-20.

[2] 史文生. 论中等职业教育技能竞赛制度化 [J]. 职业教育研究，2010（07）：11-12.

[3] 史文生. 职业教育技能竞赛研究 [M]. 开封：河南大学出版社，2010.

[4] 张秋玲. 论高职院校学生职业技能大赛的价值取向 [J]. 河南

科技学院学报，2011（08）：25-27.

　　［5］游静，熊艳兰. 职业技能大赛对职业教育发展的影响力研究［J］. 改革与开放，2011（22）：151-152.

　　［6］刘焰. 国家级职业技能大赛对职业教育的影响力探讨［J］. 教育与职业，2010（03）：46-47.

　　［7］杰克·杜塞多普. 世界技能大赛对职业教育的促进［J］. 中国职业技术教育，2008（23）：14-15.

　　［8］徐彤，杜文龙. 浅谈职业技能大赛对高职院校专业建设的作用［J］. 中小企业管理与科技（下旬刊），2010（12）：196.

　　［9］刘洪海. 课证赛融合机制下会计专业课程体系优化研究［J］. 经济研究导刊，2012（33）：307-308.

　　［10］田正平，李笑贤. 黄炎培教育论著选［M］. 北京：人民教育出版社，1993.

　　［11］赵祥麟，王承绪. 杜威教育名篇［M］. 北京：教育科学出版社，2006.

## 专题 4

# 会计专业学生自主发展的职业生命教育实践

### 开篇语

当前，五年制高职会计专业学生价值观念呈现出多元化的发展趋势，在人才培养中加强对学生的职业生命教育具有重要的现实意义和深远价值。在会计专业学生中开展职业生命教育，必须从高职学生的特点出发，加强对生命教育理论的深入研究，探索符合高职学校会计专业学生特点的职业生命教育理论和方法，这将有利于高职学校更好地开展职业生命教育，使人才培养更具针对性和实效性。国际国内职业生命教育相关研究已形成了一些可供借鉴的研究成果，但相对于我国高职学校学生职业生命成长现状而言，专门针对教育领域实施的研究还显得较为薄弱。本专题分析了五年制高职会计专业实施职业生命教育的必要性，通过调研发现高职学校职业生命教育存在的问题，确立高职学校实施职业生命教育的目标和内容，对高职学校开展职业生命教育的有效路径和策略进行探索，希望能为五年制高职会计专业人才培养的理论和实践工作提供参考和借鉴。

## 一、职业生命教育的现实与理论依据

### 1. 现实依据

（1）社会环境发展变化的迫切需要。

当前，我国经济增长的动力正由要素驱动向创新驱动转换，技术进步和产业转型升级促使一线劳动者内涵素养发生深刻变化。如今，职业学校在培养学生时，要着眼于学生的全面发展，不能只传授一技之长，更要注重文化素养、职业精神与品质的培养，为学生的全面发展夯实基础。

（2）五年制高职学生身心健康成长的必要条件。

对于五年制高职学生而言，在当今社会出现的"唯高校论""唯学历论"等功利化社会人才价值观的影响下，他们容易出现自信心不足，甚至对自我产生怀疑。从发展心理的角度来看，他们的身心发展还不成熟，耐挫能力差，成功体验少，上进心不强，再加上物质生活的丰富和社会环境的纷繁复杂，很多学生极易产生生理、心理和道德上的不平衡现象。如果这些困惑得不到及时指导，往往导致他们心理脆弱、行为失控，严重者甚至会采取一些过激手段。

（3）五年制高职学校现有职业生命教育存在的问题。

近年来，职业生命教育在高职学校虽然有了一定程度的发展，但总体而言，已有职业生命教育主要立足"问题"取向，仅仅着眼于部分学生的部分"生命问题"，对职业生命的终极价值缺乏深层次的思考。大多数学校还没有系统的职业生命教育课程，课外实践环节还相对薄弱，"形式化"严重，职业生命教育的内容缺乏完整的体系，难以发挥职业生命教育的真正作用。

2. 理论依据

（1）从关注生理、心理健康到关注精神道德发展。

1968年，美国学者杰·唐纳·华特士明确提出生命教育，倡导和实践生命教育思想。他出版了《生命教育》一书，探讨关注人的生长发育与生命健康的教育真谛，此后，在英国、澳大利亚、日本乃至世界各地逐步形成一种新的教育思潮。

（2）从关注生命教育理念到关注生命教育课程实践。

国内学者的理论研究大多关注生命教育、生命化德育、生命道德教育。南京师范大学冯建军教授从生命化德育与现代德育的区别角度概括了生命化德育的内涵，即基于生命，关怀生命，涵养生命，满足生命的需要，提升生命的意义，完善生命的品格。东北师范大学教育硕士白秀杰把生命化德育的内涵概括为本质上是人格的、生命的、提升生活质量的教育。沈阳师范大学刘慧教授认为生命道德教育是回到生命之中、遵循生命之道、关爱生命、生命有爱的教育。教育界则更关注课程实践，1996年中共中央、国务院《关于深化教育改革，全面推进素质教育的决定》提出以人为本理念，此为生命教育的开始，各地生命教育校本课程研究迅速升温。

（3）从关注文明素养提升到关注生命潜能开发。

华东师范大学叶澜教授立足于生命与教育的内在关系，提出教育的真正目的应是促进人全面而自由发展，因而要让课堂焕发出生命的活力。随着教育研究对个体发展的关注，中国人民大学黄克剑教授于1993年提出教育要做三件事，即授受知识、开启智慧、点化或润泽生命，从生命视角对教育做出新诠释。2004年，中共中央、国务院《关于进一步加强和改进未成年人思想道德建设的若干意见》（中发〔2004〕8号）发布，在社会团体的推动下，生命教育实现了理论与实践的相互支撑，自此中国迎来了生命教育的快速起步期。《国家中长期教育改革和发展规划纲要（2010—2020年）》明确指出，必须把长期坚持生命教育作为国家教育发展的重大战略主题，为生命教育进一步发展提供良好的机遇。党的十九大相关议题中包含丰富的生命教育意蕴，教育的本质是要帮助学生认识自我、探索自我，最终实现自我。

越来越多的专家、学者重视生命教育的研究，为生命教育的探究提供了理论基础和引领。生命教育是一种新的教育理念，是促进个体自主发展、提升生命质态的优质教育。我国生命教育实践探索起步虽晚，但它对唤醒人性尊严、挖掘生命潜力、完善生命品格、提升生命质量、解决德育实效性问题有着现实的意义。

## 二、学生自主发展的职业生命教育的切入点

学生自主发展是指依据认可的教育价值观，学生自选发展方向、自定发展目标，不断提升自我发展能力，并适应生命成长的个性的动态过程，着力体现发展需求的内源性、发展内容的个体性、发展过程的自觉性。职业生命教育则是以人的生命本体为基础，以尊重人的生命尊严和价值为前提，以生命个体的身心和谐为目的，对职业生命个体有目的、有计划、有组织地进行生命意识熏陶、生存能力培养和生命价值升华，最终使其生命价值展现的教育。职业生命教育的实践通过给学生提供可体验的情境，在师生之间、主体与文本之间、教学与生活之间搭建起共生的平台，并以生命实践为实质内容充分开展职业生命教育活动。

本专题通过梳理国内外有关生命教育的文献，以前人的研究成果作为理论基础，以职业生命教育与高职会计专业学生自主发展的结合为主线，以职业生命教育的具体内容、目标、实施策略为主要研究内容，通过实践调查研究，对调查的结果进行统计分析，探究基于学生自主发展的高职学校职业生命教育实施策略与建议。具体包括以下内容。

1. 学生自主发展的职业生命教育的现状分析

通过问卷调查、访谈、观察、案例分析等方法研究高职学生的身心特点、职业生命意识、生存能力及学校生命教育现状，分析存在的问题。

2. 学生自主发展的职业生命教育的目标构建

通过文献研究，借鉴心理学、教育学、伦理学的理论，探寻生命发展规律，立定"促进高职学生生命发展"这一逻辑起点，紧扣职业教育培养目标及特点，结合学校实际，明确五年制高职学校职业生命教育的层次和目标。

3. 学生自主发展的职业生命教育的内容研究

通过文献研究和学生需求评估研究，根据高职学生普遍性和特殊性需求，选择编写适应高职学生学习的职业生命教育内容，并将散落在学科课程教学和日常德育活动中与职业生命教育相关的显性或隐性的资源发掘出来，进行梳理、筛选和提炼，按照内容分类整合，统筹规划，形成具有高职特色的职业生命教育内容。

4. 学生自主发展的职业生命教育的资源开发研究

将学校现有的教育资源，包括健康教育、心理健康教育、青春期教育、安全法制教育、逆境教育、职业规划教育、公民意识教育、文明礼仪教育、自我管理教育等生命教育内容加以整合。针对高职学生生命成长需求，结合学校实际，设计活动，系统地实施职业生命教育。

5. 学生自主发展的职业生命教育的实施路径和策略研究

在实践中不断积累和探索，摸清学校职业生命教育的现状，分析影响因素，探寻职业生命教育的有效路径和策略。

## 三、高职会计专业实施职业生命教育的调查

运用抽样调查法向五年制高职会计专业学生发放电子调查问卷，收

回有效问卷407份。其中，男生202人，占49.6%，女生205人，占50.4%；农村户籍学生160人，占39.3%，城镇户籍学生247人，占60.7%；独生子女280人，占68.8%，非独生子女127人，占31.2%。根据研究内容，查阅了大量相关资料，借鉴了有关专家的意见和建议，经过反复讨论，对问卷内容进行了多次筛选和精心编排，最终确定并设计了本次的调查问卷。问卷内容包括两大部分：第一部分为被调查对象的基本信息，主要包括性别、家庭所在地、个人成长环境等方面；第二部分为调查的主要内容，主要包括高职会计专业学生对生命和生命教育的认知状况、当前高职会计专业学生的生命态度、生命价值观、学校生命教育的开展情况及对开展生命教育的意见和建议等方面。本次调查具有一定的代表性和可比性，调查结果能比较真实客观地反映出当前高职学校的生命教育现状。

### 1. 高职会计专业学生生命观和生命意识状况

调查结果显示，高职会计专业学生的生命观总体上是积极、健康向上的。生命观的形成，受到社会现象、家庭环境、学校教育及个人等众多因素的影响。高职学生生命观和生命意识主要存在的问题有：部分高职学生不能理性对待生命，缺乏对生命的敬重；部分高职学生的身心保健意识差，生存技能和自我防范能力较弱；部分高职学生缺乏正确的生命价值观，自我主义倾向、功利与理想、个人与集体、精神与物质等矛盾日渐突出；部分高职学生抗挫性差，在社会快速发展、价值取向多元、生活竞争激烈的情况下，部分高职学生出现较为强烈的脆弱感和无助感，有的学生自卑、抑郁、焦虑等心理问题突显。

### 2. 高职会计专业学生职业生命教育实施状况

职业生命教育在五年制高职学校虽然有了一定程度的发展，但总体而言还存在以下问题：已有职业生命教育主要立足"问题"取向，仅仅着眼于部分学生的部分"生命问题"，对职业生命的终极价值缺乏深层次的思考；职业生命教育还没有形成系统的体系，有的学校只是穿插在德育、心理健康教育和校园文化中；教师在学科教学中对职业生命教育的渗透还很缺乏；职业生命教育课外实践环节还相对薄弱，实践活动有待丰富和完善。当前，高职会计专业学生职业生命教育的全面有效开展面临着一些难题，各种因素的存在均会影响职业生命教育的有效开展。

## 四、高职会计专业学生职业生命教育的目标、特点和原则

1. 职业生命教育的目标

（1）目标的三个层次。

确立高职学校职业生命教育的三阶层递进目标：将敬畏生命、呵护生命，培养学生珍爱生命作为基础性目标；把发展生命、感受幸福，完善学生发展生涯作为深层次目标；以确立信仰、超越有限，促进学生自我实现作为终极性目标。

（2）目标的三个维度。

将职业生命教育的目标从认知、态度、技能三个维度进行划分：认知层面要强化学生发现和了解生命，领悟生命意义和价值，解决心理矛盾；态度层面要培养学生热爱、尊重、珍惜生命，学会调控情绪、减轻压力；技能层面要让学生掌握必要的职业发展技能，保护和延续生命、培育抗挫素质以满足意志目标。

2. 职业生命教育的特点和原则

（1）职业生命教育的特点。

① 实践性。职业生命教育是有目的、有计划地对学生实施的认识职业生命、理解职业生命、关爱职业生命、感悟职业生命和超越职业生命的活动，其目的是促使学生在德智体美等方面获得全面自由发展，其实践性是基于人的生命本质，遵循职业生命发展规律，促进学生健康发展。职业生命教育突出教育活动的实践性，有利于加深学生对职业生命的理解和体验，丰富学生职业生命的情感经历，增强学生自主发展的能力。

② 体验性。体验能激发、唤醒青年学生的职业生命活力，能培养学生的学习兴趣和学习能力及提升其发现问题、探究问题和解决问题的能力。没有体验，便没有对人生价值、意义的真正理解。职业生命教育需要课内与课外活动、校内与校外活动等协同配合，充分利用社团活动课、服务社会的公益活动课等，让学生在活动中去体验人生的价值、意义，升华人生的境界。

③ 整体性。职业生命成长是一个复杂的有机系统，整体性体现为学生自身的发展是德智体美等方面全面、协调的发展。职业生命教育是

对青年学生身体素质、心理素质、政治思想道德素质、科学与人文素质、审美素质等方面发展的全面关注和有效引导。职业生命教育强调以德树人，德智体美全面自由发展观；强调身体与心理、精神的协调与发展；强调个人与职业的协调与发展；强调生命发展的内在需要与外在需要的协调统一；强调师生、生生主体间的平等沟通与协调。

④ 动态性。任何生命的成长都不是直线性的，而是曲折性的前进、螺旋式的上升。因此，针对学生发展的动态性，职业生命教育也呈现出动态的特点。职业生命教育应根据时代、社会发展的不同需要，针对学生身心发展的不同特点及多样化的需要，不断地更新教育观念、教育内容和教育手段，实施多元化的教育评价。职业生命教育要注重教育内容的科学性、实效性，同时也要注重教育形式、方法、手段的多样性。动态性反映出职业生命教育要与时俱进，不断创新发展，方能为学生的健康发展提供最适合的教育。

⑤ 主体性。职业生命教育的目的在于培养有生命主体意识的人。职业生命教育强调学生不再是被动的受教育者，而是学习的主动者、参与者和建构者。师生之间的关系不再是单纯的主体与客体的关系，而是平等主体间的关系。尊重学生的主体地位，让学生积极、主动地参与到职业生命教育中，才能激发职业生命发展的热情和活力。

（2）职业生命教育的原则。

① 遵循职业生命内涵的层次性原则。生命观包括人的自然生命、社会生命和精神生命三个层次。开展职业生命观教育，要遵循生命内涵的层次性。首先，自然生命是人存在的基础和物质载体，要引导学生客观认识成长、衰老、死亡等生物个体必然经历的变化过程，珍惜、尊重个人和他人的生命。其次，要引导学生成就社会生命，人的职业生命本质是一种社会存在，正如马克思所说："人的本质是一切社会关系的总和"。在珍惜生命的基础上，扮演好在家庭和社会中的角色，承担好各种义务和责任。最后，启发学生追求精神生命的不断创新和永恒，将个人奋斗融入国家、社会、民族、人类的发展中，实现职业生命价值。

② 尊重职业生命成长的整体性与个性差异原则。职业生命教育一方面要重视职业生命成长的整体性，关注学生在知识与技能、方法与情感、态度与价值观等方面的发展，注重学生思想政治道德素养、身心发展素养、学习能力、实践能力和创新能力的培养；另一方面又要重视学

生发展的个性差异，注重因材施教。

③ 尊重职业生命成长的连续性与阶段性原则。尊重生命个体身心发展的连续性和阶段性特点，教育者应在教育内容、教学方式、评价方式方法上体现青年学生身心发展的阶段性和个性化差别，同时也要考虑各阶段发展的连续性和有序衔接，使教学更符合学生发展的特征，力求教学显示由浅入深、由易到难、由简单到复杂、由低级到高级的发展过程。

④ 尊重学生职业生命成长需求的多样性原则。学生职业生命成长基于其多种需要，概括起来主要有三种基本需要：一是自然性需要，即内在的生理发展需要，如饮食、情感、性等方面的需要。职业生命教育首先体现为对青年学生生理性需要的尊重、合理满足及教育引导。二是社会性需要，如交往的需要、尊重的需要、爱与关怀的需要等。任何青年学生的成长都是基于一定社会关系和社会条件获得的，对社会性需要的认可和满足是实现其社会价值的体现，是激发学生职业生命发展的重要的外在动机。三是精神世界的需要，如对理想、信念的追求，它是自我实现需要的最高体现。丰富的精神需要的合理满足，是青年学生发展的内在动力，是人生发展的最高境界。青年学生发展中的自然性需要、社会性需要和精神性需要既存在一定的程序性，又有一定的交叉性，因学生个性发展的不同而有所差异。因此，应关注、尊重学生需要的多样性，采取不同的教育方式来激励和满足其不同的需要。

⑤ 尊重学生职业生命成长的主体性原则。青年学生是职业生命成长的主体，其主体性发展具体体现为自主地、能动地和创造性地认识世界和改造世界的能力，也包括认识和发展自我的能力。尊重学生职业生命成长的主体性，就要尊重学生作为职业生命主体所享有的主体地位、所拥有的自主发展权和自由选择权；尊重学生职业生命的主体性，就要为学生发展提供更多的机会、更大的发展平台，使学生获得更全面自由的发展。未来社会的学习能力和创新能力是青少年职业生命主体性可持续发展的动力和成长的关键。21世纪的发展趋向和时代特点对青年学生发展提出了更高的发展要求，应当把学会生存、学会做人、学会合作、学会共事、学会改变作为青年学生发展的重要内容，以深厚的文化素养积淀构筑其职业生命主体性发展的精神支柱。

## 五、高职会计专业学生职业生命教育内容体系的构建

职业生命教育体现全面、全人教育，引导学生认识生命、尊重生命、超越生命，是一种促进人的全面发展的教育活动。具体包括自然生命教育、社会生命教育和精神生命教育，它们各自内部又包含相应的体育、智育、德育和美育等，共同构成一个系统完整的教育有机统一体。

1. 将生命观教育、文化教育与专业教育有机融合，提升生命质量

职业院校培养的是高素质技术技能型人才，学校的职业生命教育强调职业未来与幸福人生的关系。职业院校特别注重学生职业心理的培养，整合和开发教育资源，系统规划职业生命教育内容；引导学生深入思考生命的目的和意义，突出职业生涯规划，不断地为生命的成长创造条件，逐步形成形式多样、内容丰富、结构科学的职业生命教育内容体系，提高生命质量。

2. 形成各学段有机衔接、循序递进和全面系统的职业生命教育内容（表1-4-1）

推动职业生命教育向纵深发展，提升德育教育的品质，促成学生的自主发展和核心素养的提升。

表 1-4-1　五年制高职会计专业校本职业生命教育内容体系

| 学期 | 主题 | 主要活动 | 达成目标 |
| --- | --- | --- | --- |
| 第一学年 | 爱校尊师教育 | 1. 新生入学教育活动<br>2. 组织参观校园、校内实训基地<br>3. 集中讲解相关规章制度 | 培养新生对学校的认同感；使学生养成讲文明、懂礼貌、遵守行为规范的意识 |
| | 非专业能力教育 | 1. 结合教师节活动，进行"生命与感恩"教育活动<br>2. 开展文明礼仪教育活动和文明宿舍创建活动<br>3. 开展"生命与健康"阳光课间活动<br>4. 面向校内开展"构建和谐校园"志愿者活动 | 让学生从身边的事做起、从具体的事做起，培养学生正确的道德观，提升学生的素养 |

续表

| 学期 | 主题 | 主要活动 | 达成目标 |
| --- | --- | --- | --- |
| 第一学年 | 专业能力教育 | 1. 系部组织教师介绍会计专业及发展前景，树立规划意识<br>2. 专业讲座（围绕"专业认知"主题）<br>3. 优秀学生技能展示（为组建优才集训队做准备）<br>4. 参加社会实践活动 | 让学生了解专业发展形势，正确定位，明确发展方向 |
| | 心理健康教育 | 五年制高职学生的心理转型与适应：<br>1. 团体训练：新环境的适应（认识自我与环境）<br>2. 心理健康讲座与咨询 | 让学生了解职业教育的特点，在学习方法、生活方式等方面尽快实现转变 |
| 第二学年 | 非专业能力教育 | 1. 班团活动：探讨身边不良行为的存在和纠正不良行为<br>2. 开展"生命与安全"教育班团活动<br>3. 做好诚信教育，宣传好人好事，树立学生榜样典型<br>4. 开展"生命与阅读"活动，提升征文比赛、演讲比赛、辩论赛等活动层次 | 让学生从身边的事做起、从具体的事做起，培养学生正确的道德观，提升学生的素养 |
| | 专业能力教育 | 1. 鼓励学生参加学校社团活动<br>2. 鼓励学生参加学校技能节比赛，培养创新精神<br>3. 鼓励学生参加社会实践与勤工助学<br>4. 专业讲座（围绕"课程学习"主题） | 加强对学生职业道德和职业基础能力的培养 |
| | 心理健康教育 | 1. 心理健康讲座<br>2. 团体训练（学会与他人相处） | 让学生学会与他人相处 |
| 第三学年 | 非专业能力教育 | 1. 教师节开展"我的良师益友"主题活动<br>2. 开展"我为学校做件力所能及的事"主题活动<br>3. 举办"生命与环境"演讲比赛<br>4. 结合校文化艺术节，开展"生命与审美"教育活动 | 让学生从身边的事做起、从具体的事做起，培养学生正确的道德观，提升学生的素养 |
| | 专业能力教育 | 1. 专业讲座（围绕"会计职业前景分析"主题）<br>2. 开展会计专业知识和技能竞赛活动<br>3. "技能"主题班团活动<br>4. 课题（专题）调查报告书 | 加强对学生职业道德和职业能力的培养 |

续表

| 学期 | 主题 | 主要活动 | 达成目标 |
|---|---|---|---|
| 第三学年 | 职业理想与职业规划 | 1. 职业规划设计指导讲座<br>2. 学生职业生涯设计<br>3. 就业创业指导讲座 | 学生在分析专业要求与现实之间差距的基础上,提出努力方向和实施步骤 |
| | 心理健康教育 | 1. "在挫折中成长——学生挫折心理调适"心理健康讲座<br>2. "学生心理疾病的诊断与防治"心理健康讲座 | 使学生形成积极的行为 |
| 第四学年 | 非专业能力教育 | 1. 做好诚信教育及贫困生的助学工作<br>2. 校文化艺术节系列活动<br>3. 开展"服务社会"系列活动 | 让学生从身边的事做起、从具体的事做起,培养学生正确的道德观,提升学生的素养 |
| | 专业能力教育 | 1. 参加学校技能节比赛<br>2. 体验就业供需见面会,开展"生命与职业"教育活动<br>3. 专业讲座(围绕"职业前景分析""职业道德"主题)<br>4. 社会实践强化训练,增强学生职业岗位适应能力 | 让学生了解求职或升学面试技巧、必备的礼节、礼仪等;加强学生的职业意识,增强学生的就业竞争力 |
| | 心理健康教育 | "学生的择业心理"心理健康讲座 | 让学生做好择业的心理准备及进行心理问题调适 |
| 第五学年 | 实习实践教育 | 企业顶岗实习 | 培养学生职业素养和价值观 |

## 六、探索高职会计专业实施职业生命教育的实施路径

### 1. 充分发挥教育者的引领作用

加强职业生命教育师资队伍的培养。教师是教学的具体实施者,也是传授生命教育思想和理念的关键因素,所有的职业生命教育内容都由教师通过各种教学方法传递给学生,让学生真正地消化吸收,内化为自身的精神产物。因此,学校需要培养优秀的职业生命教育的教师,提升

教师的人文素养和教书育人的能力，从深层次让学生领悟生命的真谛和意义。此外，有关职业生命教育的课程需要加入心理健康教育的内容，只有两者结合，才能让学生更加深刻地理解生命，增强学生自我处理和消化负面情绪的能力。

教育者要创新职业生命教育的研究。教育者应在借鉴国内外成功经验的基础上，大力创新职业生命教育的理论和实践研究，敢于突破陈旧的思维定式，去寻找创新的理念，激发对职业生命教育的兴趣与深度理解，更好地适应时代发展需求，助力学生的健康成长。

### 2. 充分发挥教育中介系统载体的潜移默化作用

教育目标的实现，教育任务的完成，教育内容的实施，教育方法的运用，教育主体和教育客体之间的互动等，都离不开一定的载体。将职业生命教育这一主题与一些教育中介系统载体相结合，有利于促进高职会计专业职业生命教育的开展。

以校本教材开发创新职业生命教育载体。特色职业生命教育的开展离不开相应题材的教材，因此，在职业生命教育强调人文性、体验性、对话性理念的指导下，将职业生命教育与职业学校的特点、学生的实际相结合，课题组编写了职业生命教育的校本教材《生命因成长而精彩》，为职业生命教育的实施奠定基础。教材内容分为四大单元：热爱生活篇、文明礼仪篇、心理健康篇和职业发展篇。

以生命课堂落实职业生命教育主阵地。课堂是教育的主阵地，自然成为职业生命教育的主渠道。课题组组织教师集体备课，确定有效的教育教学方法，定期观摩成员班团活动课，课后集体讨论，总结得失，从而更好地开发和挖掘校本教材，利用选修课、班会、团会课、每日德育一刻钟等，安排教师进行授课，保证职业生命教育进入班级课堂。

### 3. 以系列实践活动搭建职业生命教育平台

课题组在发展中思考，在思考中积淀，形成并设定了七大特色职业生命教育主题活动，即点燃读书激情，共建书香班级——"生命与阅读"；安全在我心——"生命与安全"；我创新，我实践——"生命与职业"；真情的力量——"生命与感恩"；我运动，我健康，我快乐——"生命与健康"；我的责任——"生命与环境"；寻找美好——"生命与审美"。

（1）"生命与阅读"活动。

有图书漂流、好书推荐、书香班级评选、书香学生评选、征文与演讲活动等展评活动，师生们徜徉于书的海洋，尽情享受读书带来的愉悦。

（2）"生命与安全"活动。

开展防震、防火、急救等手抄报评比、知识竞赛等，进行生存知识教育，引导学生树立安全意识。

（3）"生命与职业"活动。

结合校技能节和专业能力教育，以创新、实践为主题进行实践与成果展示，为学生提供交流学习的平台，提高了学生职业素质和创新能力，促进了学生全面发展。

（4）"生命与感恩"活动。

结合教师节、父亲节、母亲节、重阳节等，开展主题演讲、"行动感恩"等活动，让学生心怀感恩之情，懂得付出和回报。

（5）"生命与健康"活动。

结合学校体育比赛，切实落实每日一小时的体育锻炼，达到弘扬体育精神、陶冶道德情操的目的。关注心理教育活动，让学生真正身心健康。

（6）"生命与环境"活动。

增加校内外社会实践活动，通过调研、寻访等，让学生理解人与人、人与社会、人与自然之间的相处之道，树立责任意识，理解自我价值与社会价值的统一。

（7）"生命与审美"活动。

结合校艺术节和课余展示活动，让每个学生都有机会展示自我，感受艺术的魅力，在参与活动的同时提升学生对艺术作品的体验再现能力和设计创作能力，丰富自己的人文内涵。

这七大特色职业生命教育主题活动符合学校共同的价值观念、价值判断、价值取向，它们源于学校优良传统的积淀，得到了师生们的认同和拥护。

**4. 以心理健康教育细化职业生命教育**

高职学生心智尚未发育成熟，对外在世界反应比较敏感，容易在心里积压问题，埋下心理健康隐患。适当而又及时的心理健康教育能有效帮助学生积极主动地摆脱心理困境，保持身心健康，体验生命的美好。建立心理咨询通道，进行心理行为训练和团体训练，使用朋辈辅导、个别辅导与团体辅导相结合的心理健康教育方法，有计划、有针对性地开展一些活动，帮助学生增强心理承受能力，能使学生更好地认识自己、认清自己的人生目标。同时，要加强心理健康教育的针对性，根据高职学生各年级阶段的心理特点和需求开展不同层次的主题教育。

### 5. 以新媒体拓宽职业生命教育渠道

当代学生是使用网络的主要群体，职业生命教育也应充分利用网络这一平台。在日常的思想教育与宣传中，应该更多地运用新媒体平台，通过 QQ、微信和微博等学生经常使用的网络平台开展职业生命教育，宣传积极向上和有正能量的生命事迹，使学生对生命充满热情，形成科学的生命态度，让职业生命教育真正融入学生的日常生活中。

### 6. 构建学校、家庭、社会三位一体的职业生命教育大环境

学校作为学生全日制教育场所，其教育主体作用不容置疑，但是仅靠学校一方开展教育教学活动，教育效果不能达到最佳状态。家庭教育力量也是不容忽视的，家长的言传身教更容易影响学生的思想和行为，良好的家庭教育将为职业生命教育助力，从而使学校和家庭形成教育合力，强化职业生命教育力量。全社会应弘扬正确的生命价值观，引导学生树立社会主义核心价值观，增强社会主义文化自信，为职业生命教育创造良好的社会环境。如此，学校、家庭、社会三方共同为职业生命教育的开展发挥应有作用，形成学校、家庭、社会三位一体的职业生命教育大环境。相信在大环境的熏陶下，必能形成良好的职业生命教育氛围，促进学生全面健康成长。

### 7. 提高德育活动化教学实效性

衡量德育活动化教学是否取得实效，主要看教学目标的落实情况，即是否深化了学生对德育知识的理解；是否培养或发展了学生各方面的能力，如团队合作能力、语言表达能力、分析解决问题的能力等；是否让学生获得了丰富的情感体验；是否促进了学生积极生活态度的形成；等等。开展活动化教学必须讲求实效，应注重以下几个方面。

（1）前提：要明确一个思想——以活动促发展。

在活动化教学中，应科学合理设计活动，由教师精心设计和创设具

有教育性、探索性和操作性的活动，引导学生主动参与，在活动中自觉体验、感悟，增强自主意识，提高自我教育和评价能力，从而促进学生认知、情感、个性、行为等方面的全面发展。

（2）关键：要正确处理好几对关系——"形"与"神"统一、教师与学生协同活动、预设与生成皆重视。

要正确处理好内容与形式的关系——做到"形""神"统一。活动化教学采用活动的形式，它必须服务和服从于德育课教学目标，必须有利于提高学生的能力和素质。每一次活动设计，都应与教学内容相匹配，千万不能为了活动而活动。过于注重形式而忽视内容，有了"形"而失去了"神"，是在实际教学中容易犯的错误。有些活动课表面热热闹闹，可活动下来学生并未有知识收获，这就是一种形式化的活动，在活动化教学中我们必须克服这种错误倾向。要正确处理好教师与学生的关系——学生自主、教师主导、协同活动。在活动化教学中，必须充分发挥学生的主体作用和教师的主导作用。学生是学习的主体和活动的主体，教师是活动化教学中的合作者、交流者和引导者。只有教师与学生通过一定的活动，在认知上达成共识，在情感上达成共鸣，在行为上达成认同，德育课的教学目标才能真正实现。要正确处理好预设与生成的关系——充分预设、大胆生成。预设是开展活动的基础，因此必须重视预设的作用。在活动开展之前，我们需要充分预设活动中可能出现的各种情况与应对措施。教学活动是师生互动的过程，它能充分展示学生的知识、能力、情感及思维过程，因此教学过程中必然会出现许多新情况、新问题，临时生成很多资源。教师要运用教育智慧，学会捕捉并善于利用教学过程中临时生成的资源，用它来更好地为教学服务。因此，预设和生成这两个方面都不能忽视，我们应充分预设、大胆生成。

（3）保障：提升师生素养——共同成长。

在活动化教学中，良好的师生素养是提高实效性的保障。活动化教学开展的过程，也是师生不断成长的过程。活动化教学的开展对教师的素质也提出了较高的要求。比如，教师要善于营造轻松、和谐的课堂氛围，激发学生主体参与的愿望；在活动中，教师要正面引导、热情鼓励，以激发起课堂活跃的思维热点；教师还要善于等待，给学生足够的时间去思考、探索。从开展活动的形式来看，多数活动都是以小组为单位进行的集体活动。因此，要求学生具有较高的合作精神。在探讨活动中，要求学生学会尊重、学会倾听、学会吸纳他人的意见，完善自己的想法。

## 七、高职学校实施职业生命教育的有效策略

### 1. 在教育内容上从抽象到具象

生命观教育，要帮助学生从对抽象的生命意义的思索中转换到生命的宝贵与意义的审视上，并及时聚焦到其人生现实问题的探讨上，再从学生实际出发，落脚到个人的发展规划，达到更加具有现实意义和行动固化的效果，形成"追问生命意义—探讨人生课题—开启人生规划"配套的教育链条。"追问生命意义"旨在启发学生直面生死的客观性，思索生命的意义与价值、责任与担当。"探讨人生课题"为学生提供关于重要人生课题的交流探讨平台，提供理想、事业、爱情等学生关心的重大人生课题，让学生在充分领会生命的宝贵与意义的前提下，以全局和长远视角，对人生重要课题有更深入的思考与感受。"开启人生规划"是在学生对人生重要课题有正向思考与价值判断的基础上，启发他们从现在开始，进行职业生涯规划。将生命观教育与专业教育、职业道德教育等结合起来，对学生发展进行个性化指导，影响、引导学生建立自己对未来发展的职业愿景，并规划不同时期、不同阶段的成长目标，帮助他们树立正确的理想信念，提升社会责任感，明确奋斗目标，激发他们的奋斗动力。

### 2. 在教育过程上从客体到主体

生命是一种自主的、独一无二的个人体验，生命的感悟与收获无法被简单传递和获取。在职业生命教育过程中，教育者与受教育者之间不是主体与客体的对立关系，也不是主导与主体的被动关系，而是一种主体间性活动过程，是一种师生间良性的双向或多向交互活动过程。外部教育资源的整合优化，都旨在实现学生内在的感悟转化，最终落实在其外在行为的改善提高上。在主体间平等对话的过程中，形成"外在教育—内在转化—价值固化"的教育过程链条。"外在教育"重实践探索和情感共鸣，如通过访谈先进典型，从语言中感受生命容量；通过阅读研讨书籍，从文字中体味生命重量；通过纪念馆实地参观，从场景中体验生命意义。"内在转化"重智慧共建，如利用相应主题的文学作品、

影视作品展开思维对话,或与教师、伙伴、父母亲朋展开情感交流,或学生以辩论赛等形式展开思想碰撞,及时融入思想政治教育引导,帮助学生完成思想上的自我完善,逐渐树立正确的人生观,建立正确的个人价值取向。"价值固化"重行为共进,如通过健康生活方式的养成,提升生命质量;通过人际交往的改善,促进自我与他人的和谐;通过走进社会参与实践,强化社会责任感与自身价值感等,使高职学生生命观的转变真正落地,切实提升生命观教育实效。

### 3. 在教育范围上从群体到个体

集体活动与日常生活相结合。职业生命的体验是时时处处的,生命观教育也不是几次活动就能囊括的,而应融入学生的日常生活中,随着他们经历、情感、需求的变化,及时帮助他们解答人生困惑,校正人生方向,以达到认识上和情感上、需求上和价值取向上的共识和融合。集体活动与个体辅导相结合。学生的个性化决定了生命观教育绝不能采用一刀切的教育形式,要充分了解学生成长经历,根据个体需求,提供个性化的心理帮扶和深度辅导,及时帮助学生调试存在的问题,通过真诚的交流、深刻的反省和积极的对话,提供个体针对性的生命观教育方案。

### 4. 在教育环境上从平面到立体

线下与线上相结合。面对与互联网共同成长的新一代学生,要充分利用网络空间,开展线上生命观教育活动,形成正能量的生命观教育网络生态。配合线下各项生命观教育活动,通过微信、微博等途径,凝练与传播活动成果,改进宣传方式,营造良好的教育氛围,促进生命观教育入细入微。学校教育与家庭教育、社会教育相结合。除学校外,家庭与社会是影响学生生命观形成与变化极重要的外在因素。高校生命观教育应充分挖掘家庭教育和社会教育的优势,形成多方面相互配合的教育格局,通过信息传递、情感交互、文化熏陶、社会实践等,构建全环境育人场域。

## 八、职业生命教育探索的结论、成效与问题

### 1. 职业生命教育探索的结论

在理论和实践上对高职学校学生自主发展的职业生命教育进行了研究,以学生的发展为出发点,提升了职业生命教育的实效性。

(1) 当前高职会计专业实施职业生命教育的现状方面的结论。

① 学生生命观和生命意识状况。高职学校学生的生命观总体上是积极、健康向上的。主要存在问题有：部分高职学生不能理性地对待生命，缺乏对生命的敬重；部分高职学生的身心保健意识差，生存技能和自我防范能力较弱；部分高职学生缺乏正确的生命价值观；部分高职学生抗挫性差，有的学生自卑、抑郁、焦虑等心理问题突显。

② 学校职业生命教育实施状况。职业生命教育在高职学校有了一定程度的发展，还存在以下问题：已有职业生命教育主要立足"问题"取向，仅仅着眼于部分学生的部分"生命问题"，对职业生命的终极价值缺乏深层次的思考；职业生命教育还没有形成系统的体系，有的学校只是穿插在德育、心理健康教育和校园文化中；教师在学科教学中对职业生命教育的渗透还很缺乏；职业生命教育课外实践环节还相对薄弱。

(2) 学生自主发展的职业生命教育目标、特点、原则方面的研究结论。

① 职业生命教育目标。确立高职会计专业职业生命教育目标三层次：基础性目标——敬畏生命、呵护生命，培养学生珍爱生命；深层次目标——发展生命、感受幸福，完善学生发展生涯；终极性目标——确立信仰、超越有限，促进学生自我实现。

高职会计专业职业生命教育三维目标：认知层面——要强化学生发现和了解生命，领悟生命意义和价值，解决心理矛盾；态度层面——要培养学生热爱、尊重、珍惜生命，学会调控情绪、减轻压力；技能层面——要让学生掌握必要的生存发展技能，保护和延续生命、培育抗挫素质以满足意志目标。

② 职业生命教育的特点。基于学生自主发展的高职学校职业生命教育的特点有：实践性、体验性、整体性、动态性、主体性。

③ 职业生命教育的原则。基于学生自主发展的高职学校职业生命教育的实施原则为：遵循职业生命内涵的层次性；尊重职业生命成长的整体性与个性差异；尊重职业生命成长的连续性与阶段性；尊重学生职业生命成长需求的多样性；尊重学生职业生命成长的主体性。

(3) 学生自主发展的职业生命教育内容方面的研究结论。

职业生命教育体现全面、全人教育，引导学生认识生命、尊重生命、超越生命，是一种促进人的全面发展的教育活动。具体包括自然生命教育、社会生命教育和精神生命教育，它们各自内部又包含相应的体育、智育、德育和美育等，共同构成一个系统完整的教育有机统一体。要将生命观教育、文化教育与专业教育有机融合，提升生命质量。要确立形成各学段有机衔接、循序递进和全面系统的校本职业生命教育内容。

（4）学生自主发展的职业生命教育的实施路径方面的研究结论。

充分发挥教育者的引领作用，加强职业生命教育师资队伍的培养，教育者要创新职业生命教育的研究；充分发挥教育中介系统载体的潜移默化作用，以校本教材开发创新职业生命教育载体，以生命课堂落实职业生命教育主阵地；以系列实践活动搭建职业生命教育平台；以心理健康教育细化职业生命教育；以新媒体拓宽职业生命教育渠道；构建学校、家庭、社会三位一体的职业生命教育大环境。

（5）学生自主发展的职业生命教育的有效策略研究方面的结论。

在教育内容上从抽象到具象；在教育过程上从客体到主体；在教育范围上从群体到个体；在教育环境上从平面到立体。

2. 成效分析

（1）探究职业生命教育的有效途径和策略，丰富了会计课程文化，提高了职业生命教育教学质量。

课题组编写的职业生命教育系列校本教材，贴近生活，引导学生正确认识生命，培养学生珍惜生命、尊重生命、热爱生命的态度，使学生获取和提高生存技能，增强学生生活的信心和社会责任感，树立积极的生命观，实现生命的意义和价值。课堂教学是职业生命教育的有效形式。教师认真备课，着力挖掘职业生命教育素材，结合实际生活，引导学生尊重、敬畏、关爱、提升生命，提高了职业生命教育的质量。

（2）学生职业生命意识显著增强，综合素质全面提升。

为了有效地促进学生身心的和谐发展，通过课堂教学和各类教育实践活动，指导学生"善待自己，珍爱生命；善待环境，关注和谐；善待他人，关爱社会；善待今天，绽放生命"。学生在各级各类比赛中屡获佳绩，生存能力、实践能力、自我发展能力不断增强。

（3）提高了参研教师专业发展水平和教科研能力。

通过研讨和培训，教师对职业生命教育有了更加深刻的认识，理解了职业生命教育的意义和价值，提升了进行职业生命教育的能力，队伍建设工作有成效,加快了专业化发展。

(4)突显了职业生命教育的特色,逐渐形成和发挥了课题组"职业生命教育"的导向和辐射作用。

课题组通过学习相关的理论,以"让每一朵生命之花灿烂绽放"为出发点,对生命的尊重,对成长的关怀,让教育赋予生命,让生命焕发魅力。为健全学生人生观和价值观提供教育支撑,也积累了一些宝贵经验。课题组多位教师在全校班主任培训会、国钧讲堂、班主任研讨会等就职业生命教育相关内容做交流讲座,开设了多堂高质量的主题班会,开展了有意义、有成效的职业生命教育活动,在学校发挥了较好的"职业生命教育"导向和辐射作用。

3. 问题与思考

(1)针对职业生命教育的相关理论学习和创新研究还有待继续深入。

(2)职业生命教育活动的目的性和实效性有待加强。

在研究过程中,发现有的教师单纯追求职业生命教育活动的开展,对活动过程和活动效果思考欠缺,导致职业生命教育活动目的性不强,效果不明显。教师要进一步明确职业生命教育活动的目的和意图是什么,落脚点及活动的价值在哪里等,这样才能真正使教育落到实处。

(3)学生个性、心理因素及个案研究有待深入。

高职教育阶段是会计专业学生人生中发展的转折和关键期,处于该阶段的学生具备独特的身心特点,如何关注学生个性特点,更好地、有针对性地开展职业生命教育活动,有待进一步探究。

今后,课题组将继续坚持探索研究的初衷——"让每一个学生的发展成为教育的出发点和归宿,努力把握职业生命教育的真谛,让每一个生命都焕发出光彩!"继续做好以下几项工作:一是拓展相关调查和研究,夯实研究基础;二是发挥学校、家长、社区合力,更好地实施职业生命教育;三是继续拓展职业生命教育的路径和方法,丰富职业生命教育的内容,形成校本职业生命教育特色,增强影响力和辐射力。

## 参考文献

[1]（美）杰·唐纳·华特士. 生命教育：与孩子一同迎向人生挑战［M］. 林莺，译. 成都：四川大学出版社，2006.

[2]冯建军. 生命与教育［M］. 北京：教育科学出版社，2004.

[3]白秀杰. 生命化德育的理论与实践形态研究［D］. 长春：东北师范大学，2006.

[4]刘慧. 生命道德教育：基于新生物学范式的建构［D］. 南京：南京师范大学，2002.

[5]叶澜. 让课堂焕发出生命活力：论中小学教学改革的深化［J］. 教育研究，1997（09）：3-8.

[6]黄克剑. 市场化·人文视野·信仰（一）："生命化教育"三题［J］. 福建论坛（社科教育版），2007（06）：4-8.

# 第二部分
## 实践成果篇

# "会计基本技能"课程标准

适用专业：会计　　建议学时数：72　　学分：2

## 一、前言

### 1. 课程性质

"会计基本技能"是江苏省五年制高职会计专业的一门专业平台课程。本课程的任务是在学生熟悉会计技能的基础上，通过教学培养学生的专业操作基本技能，为学生的综合实训或顶岗实习打下基础，更为学生今后从事会计工作或相关工作奠定基础。通过技能考级的鉴定，让学生的技能进一步得到提升，培养学生对专业的认同感，让学生熟悉专业入门的基础要求，提高学生的实际动手能力，为学生今后从事会计工作或其他财经管理工作打好坚实基础。

### 2. 课程设计思路

本课程是依据《江苏省五年制高等职业教育会计专业指导性人才培养方案》设置的。其总体设计思路是：按照"知识认知，技能训练""理论教学与技能实践有机结合"的思路来设计课程结构，有选择地安排理论和方法的认知学习与技能训练，并有机地联系岗位实践需求进行技能训练，打破以知识传授为主要特征的传统学科课程模式。课程内容突出对学生职业能力的训练，理论知识的选取紧紧围绕工作任务完成的需要来安排，同时又充分考虑了高等职业教育对理论知识学习的需要，并融合了会计专业职业资格证书对知识、技能和态度的要求。项目设计主要以技能训练的认知过程为线索展开。在教学过程中，要通过校企合作、校内实训基地建设等多种途径，采取工学结合、半工半读等形式，充分开发学习资源，给学生提供丰富的技能实践机会。教学效果评价采取过程评价与结果评价相结合的方式，通过理论与实践相结合，重点评价学生的技能职业能力。

课程内容的编排是以技能的认知过程为导向来确定教学内容的框架模块，依据技能的基本运用环节进行展开分解，以每个环节作为一个项目来安排学习。课程总学时设计为 72 学时，各部分的具体学时分配如表 2-1-1 所示。

表 2-1-1　"会计基本技能"课程模块与学时安排

| 序号 | 课程模块 | 参考学时 |
| --- | --- | --- |
| 1 | 项目一：财经数字与文字的书写 | 4 |
| 2 | 项目二：会计计算 | 32 |
| 3 | 项目三：点钞与验钞 | 6 |
| 4 | 项目四：票据录入 | 6 |
| 5 | 项目五：Excel 在财务中的应用 | 24 |
| | 合计 | 72 |

## 二、课程目标

1. 知识目标

① 知晓财经数字在典型票据上的大小写方法、会计科目名称和摘要内容的书写规范。

② 理解加法、减法、乘法、除法的珠算技术。

③ 熟悉基本的手工点钞、机器点钞和扎把方法、人民币的真伪鉴别方法。

④ 能快速并准确地录入票据上的汉字、数字等。

⑤ 知道 Excel 处理财务数据的方法。

2. 能力目标

① 能按照会计基础工作规范的要求正确书写财经数字、相关文字及符号等。

② 能正确并较熟练地使用算盘进行加、减、乘、除的运算。

③ 能准确并快速地进行票据录入。

④ 能正确鉴别人民币的真伪，能较熟练地掌握手工与机器点钞、扎把的基本方法和收银设备的运用。

⑤ 能应用 Excel 办公软件进行基本财务数据处理。

### 3．素质目标

① 通过本课程的学习，加深学生对金融管理与实务专业的认识，培养学生热爱本专业、不断进取、刻苦学习的精神，进一步形成现代理财理念。

② 培养学生认真、仔细、负责的工作态度。

③ 培养学生严谨的作风和对数字的敏感度，同时提高学生的语言表达、信息技术应用、合作配合、综合协调能力，为做好会计工作和财务工作打下基础。

## 三、课程内容和要求（表2-1-2）

表2-1-2 "会计基本技能"课程内容和要求

| 序号 | 课程模块（单元、章节） | 内容与要求 | 活动与建议 | 参考学时 |
|---|---|---|---|---|
| 1 | 财经数字与文字的书写 | 知晓财经数字在典型票据上的大小写方法、会计科目名称和摘要内容的书写规范 | 利用记账练习纸进行会计数字、文字及符号的规范书写练习、判断纠错练习 | 4 |
| 2 | 会计计算 | 理解加法、减法、乘法、除法的珠算技术 | 利用算盘、珠算能手比赛录像、测试或比武等手段组织教学与操作训练 | 32 |
| 3 | 点钞与验钞 | 掌握基本的手工点钞、机器点钞和扎把方法、人民币的真伪鉴别方法 | 观看点钞技术视频、利用点钞练功券或人民币进行手工或机器点钞训练，认识假币与真币的区别、牢记真币的特征，故意在一叠真币中夹杂一张假币，训练学生在点钞过程中鉴别出假币的能力 | 6 |
| 4 | 票据录入 | 快速并准确地录入票据上的汉字、数字等 | 利用翰林提进行票据录入训练 | 6 |
| 5 | Excel在财务中的应用 | 应用Excel办公软件进行基本财务数据处理 | 利用Excel表格处理工具进行工资、五险一金、税费等财务数据处理 | 24 |

##  四、实施建议

### 1. 教学建议

① 应加强对学生基础知识的传授。通过与实际生活的紧密结合，注重激发学生的兴趣，使他们在学习过程中不仅能学到技能方面的知识，更能掌握会计技能的实际操作知识。

② 由于本课程是一门实践性很强的综合性应用课程，因此，在教学中应注重在理论教学的基础上加强对学生实际操作能力的培养，强调实践教学，注重让学生从实际练习中学习会计技能的具体方法，使学生边学习边实践，为将来从事实际工作打好基础。

③ 应以学生为本，注重教与学的互动。将典型技能训练内容和要求编写成学案，由教师做出示范，组织学生进行分析与实践，提高学生的参与性，让他们在参与的过程中掌握课程的重点，并通过实际操作的练习，逐步培养他们的知识应用能力。

④ 本课程的教学应注意突出一个"实"字和一个"新"字，使学生到岗工作时能很快适应工作的需要。

### 2. 教学评价

对于各项会计专业基本技能的考核评价，可采取阶段评价和目标评价相结合的方式，以实践考核为主，特别注重正确性、规范性的评价，在此基础上，兼顾熟练程度、外表形态等方面的综合评价。如国家相关部门、行业协会已出台相应技能等级鉴定办法，则按照该办法鉴定学生的基本技能水平，评价其技能掌握成效。课程各模块的考核评价参见表 2-1-3。

表 2-1-3 "会计基本技能"课程考核评价

| 序号 | 课程模块 | 评价目标 | 评价方式 | 评价分值 |
| --- | --- | --- | --- | --- |
| 1 | 财经数字与文字的书写 | 正确、规范、美观 | 操作实务测试 | 合格以上 |
| 2 | 会计计算 | 正确、熟练 | 技能等级鉴定 | 普通四级以上 |
| 3 | 点钞与验钞 | 正确、熟练 | 实务操作为主、理论笔试为辅 | 合格以上 |
| 4 | 票据录入 | 正确、熟练 | 操作实务测试 | 合格以上 |
| 5 | Excel 在财务中的应用 | 正确、熟练 | 操作实务测试 | 合格以上 |

## 3. 教学基本条件

充分利用校内已有的实训设施，结合实际工作中的会计岗位设计开发教学项目，以实训为主要的教学载体，配备完整的工具、材料等，作为教学实施的主要场景。

## 4. 教材选用与编写

教材为校本教程，教材的编写以紧扣国家相关部门、行业协会已出台的相应技能等级鉴定办法为基础，以理论知识和技能实训相融合为切入点，以认知和能力训练为核心，以构建知识体系和能力训练体系为主线，以体现时代性、立体性和动态性为要求，达到以学生为主体、有所创新、有所特色、适应高职教学的开发目标。

## 5. 课程资源开发与利用

① 教师通过教学，分析技能学习的基本方法与技巧，在学生练习中不断完善与总结，更好地促进理论与实践教学的有机结合，充分利用会计技能教学平台，更好地把"会计基本技能"课程项目化和模块化，建立起做、学、教一体化教学模式。

② 开发技能训练指导书、技能练习册指导书、网络资源等。

# 五、其他说明

① 本课程适用于五年制高职会计专业学生。

② 本课程标准所列的总学时、项目学时为建议学时，学校可以根据具体情况做适当的增减。建议增加课程的课外训练时间，以提高学生的实操和动手能力。

## 成果 2

# "电算化会计核算实施与维护"课程标准

适用专业:会计、金融、会计(财务信息管理)
建议学时数:102　　　　学分:6

## 一、前言

### 1. 课程性质

本课程是江苏省五年制高职会计类专业必修的一门专业基础平台课程,是在"会计基础"课程基础上开设的一门实践性较强的专业核心课程,其主要任务是使学生掌握会计职业岗位所需的会计电算化的基本知识、职业技能、职业素养,为"常见财务软件应用"等后续课程的学习奠定基础。

### 2. 课程设计思路

本课程应以服务发展为宗旨、以促进就业为导向,按照立德树人的要求,突出对学生核心素养、必备品质和关键能力的培养,兼顾中高职衔接,高度融合职业技能学习和职业精神培养。

① 依据《江苏省五年制高等职业教育会计专业指导性人才培养方案》中确定的培养目标、综合素质和职业能力,对接职业标准、行业标准和岗位规范,突出对学生创业能力、创新精神的培养,结合本课程的性质和职业教育课程教学的最新理念,确立本课程目标。

② 根据《江苏省五年制高等职业教育会计专业岗位职业能力分析表》,依照课程目标和岗位需求,结合我国"会计人员从业资格"考核要求,充分考虑学生的职业生涯发展,对接最新会计职业标准和岗位规范,确定本课程内容。

③ 遵循职业教育教学规律和学生身心发展规律,以基本经济业务的电算化会计处理为目标,在掌握基本会计软件运行、基础设置的基础

上，按照总账系统、报表系统、工资管理系统、固定资产管理系统、往来管理系统的顺序，由简单到复杂，将专业知识、专业技能和职业素养有机融入教学案例及教学活动，达到学生熟练应用会计软件的目的。

## 二、课程目标

学生通过本课程的学习，掌握会计岗位所必备的会计电算化基本知识，能完成一个小型工业企业简单业务的会计电算化项目，形成良好的技术规范、职业习惯和职业素养。

核心素养和关键能力包括：

① 掌握会计电算化的特征、工作流程及实施条件。

② 准确把握财务软件初始化方法与技巧，能熟练运用财务软件各常用模块进行日常业务处理。

③ 能根据企业具体情况，开展企业会计电算化项目实施准备工作。

④ 能运用财务软件模块完成企业日常业务工作，能根据已形成的数据编制会计报表。

⑤ 养成遵纪守法的良好行为习惯，具有良好的职业道德、职业素养和职业价值观。

## 三、课程内容和要求（表2-2-1）

表2-2-1　"电算化会计核算实施与维护"课程内容和要求

| 序号 | 课程模块（单元、章节） | 内容与要求 | 活动与建议 | 参考学时 |
|---|---|---|---|---|
| 1 | 会计电算化概述 | 1. 会计电算化和会计信息化的概念<br>2. 会计电算化的特征<br>3. ERP及ERP系统与会计信息系统的关系<br>4. XBRL发展历程、作用和优势<br>5. 企业会计信息化工作规范<br>6. 会计软件的配备方式<br>7. 会计软件的功能模块 | 讲练结合 | 6 |

续表

| 序号 | 课程模块（单元、章节） | 内容与要求 | 活动与建议 | 参考学时 |
|---|---|---|---|---|
| 2 | 会计软件的运行环境 | 1. 会计软件的硬件环境<br>2. 会计软件的软件环境<br>3. 会计软件的网络环境<br>4. 计算机病毒的特点、分类、防范措施、检测与清除手段<br>5. 计算机黑客常用手段及其防范措施<br>6. 安全使用会计软件的基本要求 | 讲练结合 | 6 |
| 3 | 会计软件的应用 | 1. 会计软件的应用流程<br>2. 会计软件的初始化应用<br>3. 会计软件主要功能模块的应用,包括账务处理、固定资产管理、工资管理、应付管理、应收管理、报表管理等模块 | 讲练结合 | 60 |
| 4 | 电子表格软件在会计中的应用 | 1. 常用电子表格软件的种类<br>2. 电子表格软件的主要功能<br>3. Excel 软件的用户界面<br>4. 启动与退出 Excel 软件的常用方法<br>5. Excel 文件管理的常用方法<br>6. Excel 图表的插入方法<br>7. 数据输入与编辑的常用方法<br>8. Excel 的公式及其运用<br>9. Excel 常用函数的使用<br>10. 数据清单的设计要求<br>11. 记录单的使用方法<br>12. Excel 数据排序、筛选与分类汇总的方法<br>13. 数据透视表创建与设置的方法 | 讲练结合 | 30 |

## 四、实施建议

### 1. 教学建议

① 坚持以学生为主体,注重学生职业能力和职业精神的有机融合,坚持理论与实践相结合,促进学生达到本课程目标的基本要求。

② 注重学生对专业知识和基本规范的理解和把握,培养学生正确应用财务软件处理日常会计业务和解决实践案例的基本能力。

③ 在教学中推广案例教学、模拟教学、角色扮演，运用探究式、讨论式、参与式教学，做、学、教一体，激发学生的学习兴趣和积极性。

④ 根据学生的学习基础和认知程度，适当调整教学内容的深度和广度，加大训练的强度，在练中学，在学中教。

### 2. 教学评价

对于本课程技能的考核评价，不仅要重视平时成绩的采集，也要重视学生对本课程设计的理解与完成程度。因此，技能考核要求包括过程性考核、期中考查、期末考查三个方面。

① 过程性考核：平时学案检查、技能进步情况占20%，课堂表现、小组合作占20%。

② 期中考查和期末考查：考查方式采用上机的形式。

③ 学期评定：由任课教师根据每个学生的期中考查和期末考查分别占30%和40%及过程性考核占30%进行综合评定，计算出每个学生本课程的学期成绩。

### 3. 教学基本条件（表2-2-2）

表2-2-2 "电算化会计核算实施与维护"课程教学基本条件

| 设备或软件名称 | 单位 | 数量 | 备注 |
| --- | --- | --- | --- |
| 计算机 | 台 | 50 | 建网 |
| 服务器 | 台 | 1 | |
| 教学版财务软件 | 套 | 2 | 用友T3 |
| 数码投影仪 | 台 | 1 | |
| 会计电算化工作流程演示图 | 块 | 1 | |

（1）硬件环境。

CPU：500 MHz或速度更快的处理器（推荐1 GHz或更快）。

内存：1 G及以上。

剩余硬盘空间：1 G。

局域网网络要求：Switch-100M及以上。

配套硬件：不间断电源（UPS）。

（2）软件环境。

操作系统：Windows 2000 Server，Windows XP Professional，Windows

Vista。

操作系统补丁要求：需要应用 Windows XP SP2 或更高版本。

数据库：SQL Server 2000，SQL Server 2005，SQL Server 2008。

浏览器：Microsoft Internet Explorer 5.0 或更高版本。

4. 教材选用与编写

教材选用与编写应以本课程标准为依据。

5. 课程资源开发与利用

① 实验实训场所配齐必备的教学设备和会计专业技术初级资格考试操作软件。

② 推进信息技术在教学中的广泛应用，开发信息化教学课件、微课资源和测试系统等数字化资源库。

③ 实验实训场所定期向学生开放，充分提高设备利用率。

④ 充分利用网络资源，了解最新的技术策略和实施方法，培养学生自主学习的能力。

## 五、其他说明

本课程标准制定的主要依据：《关于深化职业教育教学改革　全面提高人才培养质量的若干意见》（教职成〔2015〕6号）、《省政府办公厅转发省教育厅关于进一步提高职业教育教学质量意见的通知》（苏政办发〔2012〕194号）、《江苏省五年制高职主要专业核心课程标准开发工作方案》和《江苏省五年制高等职业教育会计专业指导性人才培养方案》。

# 成果 3

# "企业经营认知与流程项目实训"课程标准

适用专业：会计、金融、会计（财务信息管理）
建议学时数：72　　学分：4

## 一、前言

本课程是五年制高职会计、会计电算化、金融管理与实务、会计与审计、财务管理专业学生必修的一门综合性专业实训项目课程。借助ERP沙盘模拟，可以强化学生的管理知识，训练学生的管理技能，全面提高学生的综合素质。沙盘模拟教学融理论与实践于一体、集角色扮演与岗位体验于一身，可以使学生在参与、体验中完成从知识到技能的转化。

## 二、课程目标

根据本专业的培养目标和人才规格，按照知识和技能、过程和方法、情感态度和价值观三个维度的分析方法，概括出本课程的目标。

1. 知识目标
① 了解企业经营的大致流程。
② 掌握资产负债表、利润表、现金流量表的结构。
③ 掌握预估长短期资金需求的方法。
④ 理解资金流转对损益的影响。
⑤ 理解现金流对企业经营的影响。

2. 能力目标
① 能开展小组协作，制定经营目标。

② 能选择最佳筹资方式，控制融资成本。
③ 能选择最佳资金使用方案，提高资金运用效率。
④ 能跟踪企业运行状况，对企业业务运行过程进行控制和监督。
⑤ 能综合判断经济信息，做出正确判断，为企业管理者提供可用的财务信息。
⑥ 能根据经营过程中遇到的具体问题，随机应变，调整经营思路。

3．素质目标

① 形成全局意识，深刻理解局部最优不等于总体最优的道理。
② 获得组内协同作业的经验，创造团队意识和彼此信任和支持的氛围。
③ 创造组织成员的共同愿景，遵守共同的工作规范，朝着共同的绩效目标努力。

## 三、课程内容和要求（表2-3-1）

表2-3-1　"企业经营认知与流程项目实训"课程内容和要求

| 序号 | 课程模块（单元、章节） | 内容与要求 | 活动与建议 | 参考学时 |
|---|---|---|---|---|
| 1 | 了解ERP沙盘模拟 | 1. ERP沙盘模拟概况：了解ERP沙盘模拟的特点、师生在不同阶段的角色分工、ERP沙盘模拟与现实经营的区别、ERP沙盘模拟的作用与地位，掌握ERP沙盘模拟的基本理论<br>2. 课程内容：ERP核心理念，制造型企业的概貌，企业经营的本质、市场及产品战略，产品需求趋势分析，生产管理与成本控制，全面计划与预算管理，人力资源管理 | 分组，建立模拟企业，组员分工，小组学习 | 12 |

续表

| 序号 | 课程模块（单元、章节） | 内容与要求 | 活动与建议 | 参考学时 |
|---|---|---|---|---|
| 2 | 认识 ERP 沙盘企业 | 1. 组织准备：了解管理层主要角色及分工，掌握沙盘模拟的人员分工<br>2. 企业盘面：知晓企业盘面的总体布局，生产中心、财务中心、营销与规划中心、物流中心的主要构成及基本运行规则。熟悉沙盘企业盘面的布局及基本规则<br>3. 经营过程：了解 ERP 沙盘模拟实训的整体经营过程，各岗位了解各自职责 | 小组学习 | 18 |
| 3 | "创业者"系统经营 | 1. "创业者"实践平台介绍：了解"创业者"实践平台的主要特点及主要构成<br>2. 经营规则与过程：掌握首次登录、投放广告、获取订单、申请长期贷款、四季任务启动与结束、当季开始、当季结束的操作；掌握申请短贷、更新原料库、下原料订单、购置厂房、新建生产线、在建生产线、生产线转产和继续生产、变卖生产线、下一批生产、应收款更新、按单交货、产品研发、厂房处理、市场开拓、ISO 投资、当年结束的操作；掌握厂房贴现、紧急采购、出售库存、获取订单信息、查看市场预测、破产检测、小数取整处理、查看操作小贴士的操作；掌握经营流程表、综合费用表、利润表、资产负债表的格式，掌握其填制方法 | 理实一体，边做边学；教师示范，学生小组合作学习 | 42 |

## 四、实施建议

### 1. 教学建议

本课程的教学总体上采取"理实一体化"教学方法，在具体教学安排上，应分组、分阶段进行。刚接触该课程时，学生不了解 ERP 沙盘的规则和运作方式,建议教师通过多媒体课件与实物展示同步进行的方法,把ERP实训的基础知识、基本规则介绍给学生,引导学生对手工沙盘的分布和电子沙盘的操作有一个整体的认识;组织第一年运营时,学生在规则的理解、组员的协作等方面可能会出现一些问题,教师可以给予适当的引导,以使运营更加顺畅;当学生已经成功运营一年以后,教师就不再参与具体操作的指导,而仅仅做一些辅助工作;在学生基本能熟练操作以后,教师应组织组间对抗;对抗结束后,教师应组织学生进行总结,并给予适当的点评;校内对抗常态化后,可以选择基础较好的选手组队参加各级沙盘比赛,最大限度地激发学生学习本课程的积极性。

本课程的课堂是开放的,没有固定的桌椅、没有固定的操作方法,每个企业经营的进度也都不会相同;教学资源是开放的,为了提高模拟企业的经营绩效,各企业成员可以随时获取信息,可以向教师请求帮助,可以分析报表资料,也可以上网络资源平台。经营成果也不会保密,学生可以各抒己见,各显神通。

2. 教学评价

本课程的考核评价体系应重视学生学习态度,强化能力训练与培养,弱化纯理论知识考核,注重过程考核,最大限度调动学生学习的积极性和自主性。本课程模拟考核以小组运营成绩和总结报告中的问题及改进分析的内容和深度评定。考核标准为:企业经营所有者权益排名60%+课堂表现40%。

随着课程体系建设的日益完善,还可以按照基于工作过程的课程开发理念,逐步引入职业资格认证体系,进一步完善能力和素质的考核标准。

3. 教学基本条件

(1) 对教师的要求。

ERP实训是一门综合性的课程,它要求授课教师是具有教学和实践经验的"双师型"人才,既要有深厚的专业理论知识,又要有精湛的操作技艺。每一名教师所精通的领域可能不同,这就要求在配备教师时要充分考虑教师的专业特长,教师之间可以相互组合,实现专业互补。

（2）对实习环境的要求。

首先，要有能够实施多方竞赛的"理实一体化"教室，能够把教室和实训结合在一起，并且有利于分组对抗，形成复杂的对抗格局。其次，手工沙盘和电子沙盘应同时运用，有一笔电子沙盘的数据录入，便有一个手工沙盘的摆放，可以相互比对，相互补充。

4. 课程资源开发与利用

（1）标准教案和自编教案。

本课程教案主要是来自用友网络科技股份有限公司和金蝶软件（中国）有限公司赠送的标准教案，各学校课程组可以依据沙盘产品特点自编教案，要随着教材的更新不断补充和完善教案。

（2）网上答疑。

学生可以通过这个平台，与教师进行交流，解决学习中所存在的问题。

（3）ERP 沙盘模拟 QQ 群。

学生在学习过程中对本课程热情较高，课堂上的时间并不能满足他们的学习欲望，尤其是参加各种比赛的同学更需要保持正常联系，因此，教师应组织创建 QQ 群，便于学生利用业余时间相互切磋，便于解决学生遇到的问题。

（4）网络资源。

教学资源中的具体内容和电子文本要全部放到网上，以较好地满足学生学习的需要，要保证学生能够在线查询沙盘知识、进行案例分析和获得疑问的解答。

（5）特色资源。

要链接大学生 ERP 沙盘对抗赛和企业资源管理专题等内容，一方面拓宽学生的视野，另一方面对学生参加比赛起到动员作用，也有利于学生对 ERP 进行深入的了解。

# 成果 4

# "会计基本核算技术"课程标准

适用专业：会计　　　　建议学时数：108　　　　学分：6

## 一、前言

### 1. 课程性质

本课程是五年制高职会计专业的一门主干实训课程。通过操作训练后，学生能掌握填制与审核凭证、建账、记账、更正错账、编制会计报表等基本技能和方法，可以增强学生的实际操作能力，使学生了解实际工作中的业务处理流程，为学生后续专业课程的学习和毕业后上岗工作奠定良好的基础。

### 2. 课程基本理念

① 按真实业务的要求，组织和指导学生完成填制与审核原始凭证、填制与审核记账凭证、登记账簿、编制会计报表等会计基本核算工作，是课堂教学的继续，也是岗位工作的预习。

② 安排学生进行全面的会计实务演练，对学生会计知识的掌握程度及运用能力进行综合性考查。

### 3. 课程设计思路

仿真训练以填制与审核凭证为始发环节，至登记账簿的中间环节，再到编制会计报表的最终环节。它是对会计循环的基本步骤进行基本技能训练，要求学生通过学习掌握从事会计工作所必需的基本技能。

## 二、课程目标

1. 总目标

通过本课程实训,培养学生的核心竞争能力,增强学生对理论知识的理解和业务流程的熟悉,从会计实务角度塑造学生从事会计工作应具备的专业作风、心理素质和道德风范,提高学生动手、信息技术应用、自主学习等综合能力,为学生日后从事会计工作奠定较为扎实的基础。

2. 具体目标

(1) 知识目标。

① 能正确填制和审核会计凭证。

② 能根据会计凭证正确登记账簿。

③ 能查找错账并能正确更正错账。

④ 能编制简要的财务会计报表。

⑤ 会装订会计凭证,整理会计账簿。

(2) 能力目标。

① 培养学生的动手能力及信息技术应用能力。

② 渗透会计法规、会计制度,拓宽学生的知识面,提高学生分析问题、解决问题的能力。

③ 塑造学生从事会计及财务管理工作应具备的专业作风、心理素质和道德风范,为学生日后从事会计及财务管理工作奠定较为扎实的基础。

(3) 素质目标。

① 以真实的会计核算资料进行仿真实训,帮助学生树立会计规范。

② 将各单项实训逐步结合,相互贯通,使学生循序渐进,全面提高操作技能。

③ 学生在进行会计模拟实训时,态度要端正,目的要明确,作风要踏实,操作要认真,以一个会计人员的身份参与实训。

(4) 职业能力要求。

① 会计凭证、会计账簿、会计报表项目的填制要准确、完整。

② 会计凭证、会计账簿、会计报表的文字、数字书写要清晰、工整、规范。

③ 会计凭证、会计账簿、会计报表的填制除按规定必须使用红墨水书写外，所有文字、数字都应使用蓝（黑）墨水书写，不得使用铅笔和圆珠笔（除复写凭证外）。

④ 会计凭证、会计账簿、会计报表的操作出现错误，必须按规定方法进行更正，不得涂改、刮擦挖补或用褪色药水消除字迹。会计凭证、会计账簿、会计报表等会计资料，须及时整理、装订成册，归档保管。

### 三、课程内容标准

1. 课程内容和要求（表 2-4-1）

表 2-4-1 "会计基本核算技术"课程内容和要求

| 序号 | 工作任务 | 内容与要求 | 活动设计 | 教学建议 | 参考学时 |
| --- | --- | --- | --- | --- | --- |
| 1 | 单项训练 | 原始凭证填制与审核：<br>1. 掌握原始凭证的填制方法<br>2. 掌握原始凭证合法性、合理性、完整性和正确性的审核 | 1. 原始凭证的基本内容、填制方法（正确填写票据和结算凭证的基本规定）<br>2. 会计凭证的传递程序<br>3. 原始凭证的合法性、合理性、完整性和正确性的审核 | 原始凭证是会计工作的开始，学生在工作中填写原始凭证出现错误、不规范、速度慢的情况时有发生，无形中增加了企业的时间成本和资金成本，教师在教学时在让学生会填的基础上，要培养学生的细致程度和熟练程度，让学生主动探索工作流程 | 8 |
| | | 记账凭证填制与审核：<br>1. 掌握各种记账凭证的填制方法<br>2. 掌握记账凭证的审核 | 1. 收款凭证的填制<br>2. 付款凭证的填制<br>3. 转账凭证的填制<br>4. 通用记账凭证的填制<br>5. 记账凭证的审核 | 记账凭证的填制与会计业务的处理密切相关，学生在工作中存在业务内容不熟悉的情况，教师在教学时应尝试让学生先思考、先做，对业务形成深刻的印象，而后引导学生将业务琢磨透彻，分析先做时存在的问题，再实现从会做—熟做—精做的转变 | 4 |

续表

| 序号 | 工作任务 | 内容与要求 | 活动设计 | 教学建议 | 参考学时 |
|---|---|---|---|---|---|
| 1 | 单项训练 | 登记账簿：<br>1. 掌握各种账簿登记的方法<br>2. 掌握试算平衡表的编制<br>3. 掌握错账更正的方法 | 1. 建账<br>2. 登记库存现金日记账与银行存款日记账<br>3. 登记三栏式明细账<br>4. 登记数量金额式明细账<br>5. 登记多栏式明细账<br>6. 登记总账<br>7. 编制试算平衡表<br>8. 错账更正 | 正确无误地登记账簿是会计人员必备的技能，但学生在学习和工作中往往很难做到一次性登对，教师可通过任务驱动，让学生先完成，再分析，分析时应关注学生登不对的原因，跟踪学生登账的过程和情绪变化，渗透会计人员职业素养的内容 | 6 |
| | | 编制会计报表：<br>1. 掌握编制资产负债表的基本方法<br>2. 掌握编制利润表的基本方法 | 1. 编制资产负债表<br>2. 编制利润表 | 编制财务会计报告是会计工作的重点，难度较大，需要建立在凭证、账簿资料的基础上。教师在教学时可提供参考资料，让学生团队合作，尝试先做，边做边向会的学生学习，边做边向教师请教，教师应参与每个小组的讨论，给予指导意见。学生应是知识的探索者和总结者，教师是参与者和指导者 | 4 |
| | | 会计资料归档与保管：<br>1. 熟悉《会计档案管理办法》的有关规定<br>2. 掌握记账凭证装订的方法 | 1. 学习《会计档案管理办法》的有关规定<br>2. 整理、装订记账凭证 | 该项目可通过微视频、现场演示等示范教学方法，让学生经历从模仿—找问题—会操作—熟练操作的阶段 | 4 |

125

续表

| 序号 | 工作任务 | 内容与要求 | 活动设计 | 教学建议 | 参考学时 |
|---|---|---|---|---|---|
| 2 | 综合业务训练 | 账务处理核算程序：1. 掌握记账凭证核算程序下的会计核算 2. 掌握科目汇总表核算程序下的会计核算 | 1. 启用账簿，开设账户，登记初始资料 2. 填制与审核原始凭证 3. 填制通用记账凭证并进行审核 4. 登账。练习日结、月结、季结、年结的方法；掌握总账本期发生额及期末余额试算平衡表的编制 5. 将实训资料进行账证核对、账账核对、编制资产负债表与利润表 | 该项目具有综合性、实践性，体现了会计工作的全过程，是前面单项训练内容的整合，也是会计专业理论基础课的具体运用。在教学时可按工作顺序进行教学，将教学内容与工作内容对接，可选择性地安排集训队的学生参与课堂，帮助分析学生"做"的过程 | 46 |
| 3 | 实训周 | 完成从凭证—账簿—报表的真账操作或模拟操作 | 1. 填制原始凭证 2. 编制记账凭证 3. 登记账簿 4. 编制会计报表 | 进行校企合作，根据企业需求确定实训内容 | 36 |

2. 实训教学评价（表2-4-2）

表2-4-2 "会计基本核算技术"课程教学评价

| 序号 | 任务模块 | 评价目标 |
|---|---|---|
| 1 | 单项训练 | 一、原始凭证填制与审核 1. 能根据给定的经济业务填制原始凭证并签名盖章 2. 能正确填写常见票据和结算凭证 3. 对给出的外来原始凭证对照业务内容进行逐一审核，指出错误所在，并给出处理意见 二、记账凭证填制与审核 1. 能根据给定的原始凭证编制记账凭证 2. 能根据给定的记账凭证对原始凭证进行逐一审核，指出错误所在，并给出处理意见 三、登记账簿 1. 能根据给定的资料登记相关账簿 2. 能根据给定的资料编制试算平衡表 3. 能根据给定的资料查找错误并进行错账更正 四、编制会计报表 1. 能根据给定的资料编制资产负债表 2. 能根据给定的资料编制利润表 五、会计资料归档 1. 掌握会计资料整理与装订流程 2. 整理会计凭证、会计账簿和会计报表，做到分类有序、装订整齐牢固、归档规范 3. 及时完整收集整理本次实训材料，并做好存档手续 |

续表

| 序号 | 任务模块 | 评价目标 |
|---|---|---|
| 2 | 综合业务训练 | 1. 能熟练说出记账凭证核算程序下会计核算步骤，并能按照步骤进行会计核算<br>2. 能正确启用账簿、开设账户，登记初始资料<br>3. 能正确编制各种凭证，具有根据原始凭证编制记账凭证的基本能力；能对记账凭证所附的原始凭证进行审核；能对记账凭证项目填写进行审核；能对记账凭证上人员签名盖章进行审核<br>4. 会进行三栏式日记账、三栏式总分类账的登记；会登记"原材料"明细分类账；会对明细分类账与总分类账进行平行登记；掌握对账与结账的实际操作程序；掌握本期发生额及期末余额试算平衡表的编制方法<br>5. 掌握资产负债表、利润表的一般编制方法 |
| 评价方式 | 采用教学项目考核与考试相结合的方式进行，教学项目考核成绩占总评成绩的60%，考试成绩占总评成绩的40%<br>1. 教学项目考核<br>采用百分制考核，具体各项目考核的分值及项目占平时成绩的比例如下表： | |

| 实训项目 | 占比 | 考核内容 | 分值 |
|---|---|---|---|
| 填写原始凭证 | 10% | 态度 | 20分 |
| | | 规范性、准确性 | 80分 |
| 编制记账凭证 | 20% | 态度 | 20分 |
| | | 规范性、准确性 | 80分 |
| 登记账簿 | 20% | 态度 | 20分 |
| | | 规范性、准确性 | 60分 |
| | | 科目汇总表 | 20分 |
| 编制会计报表 | 10% | 态度 | 20分 |
| | | 资产负债表 | 50分 |
| | | 利润表 | 30分 |
| 综合业务训练 | 30% | 态度 | 20分 |
| | | 规范性、准确性、及时性 | 80分 |
| 会计资料归档 | 10% | 态度 | 20分 |
| | | 规范性、美观性 | 80分 |

注：考核中的"态度"扣分主要指：迟到、早退、实训拖拉、抄实训作业、不按时完成实训任务、做与实训无关的事（如睡觉、玩手机）等

续表

| 序号 | 任务模块 | 评价目标 |
|---|---|---|
| 评价方式 | | 2．考试<br>（1）考试内容<br>填写原始凭证、编制记账凭证、登记账簿和编制会计报表<br>（2）考试形式<br>闭卷考试，为了便于批阅，将设计答卷纸。答卷纸在设计时要考虑既能考核学生的实践动手能力，又能让学生在一定时间内完成考试内容<br>（3）评价方式<br>百分制评价 |

## 四、实施建议

1．实训室建设

① 硬件设施，包括场地、办公桌。将办公场所隔成若干小区域，配备所需的各种办公设备和用品（如计算机、装订机、计算器、各种印章和文具用品等）。

② 软件设施，包括仿真教学软件与信息化教学平台。

③ 完整的仿真资料，包括相关原始凭证、记账凭证、库存现金/银行存款日记账、各种明细账、总账、资产负债表、利润表、财务专用章、法人章、会计主管章、凭证装订机等。

2．教师能力要求

教师有系统的专业理论知识，包括会计、财务管理、计算机知识等；同时还需要有基本的实务操作技能。

3．课程资源开发与利用

① 自编基础知识教材。

② 选用市场上配套实训教程。

③ 收集完整的财务管理实务素材及其工作底稿等。

## 五、说明

① 本课程具有较强的政策性、实践性和技术性。教师的示范讲解及学生的实践操作均在会计实训室完成。

② 在教学过程中，既要使学生掌握单项实训的内容，又要使学生了解各项实训内容之间的联系，尽可能达到"仿真"效果。

# 成果 5

# "基础会计"课程标准修订方案

## "基础会计"课程标准修订说明

### 一、修订依据

① 学校教务处关于修订专业主干课程的课程标准的文件。
② 江苏联合职业技术学院"基础会计"课程标准。
③ 学校财经管理系"基础会计"课程教学要求。
④ 教学实践经验总结。

### 二、修订主旨

在江苏联合职业技术学院"基础会计"课程标准上,结合校财经管理系"基础会计"课程教学要求,制定符合我校财经管理系会计专业人才培养方案的课程标准。

### 三、修订内容

① 明确教材。
② 给出制订授课计划的参考意见。
③ 明确教学方法。
④ 完善教学内容。

# "基础会计"课程标准修订稿

## 一、概述

### (一)课程性质

本课程既是财经类专业的专业基础课,又是初级会计岗位职业能力的"成型"课,既是会计"基本技能、基本理论、基本知识"的载体,还是会计专业认同、初级会计岗位职业技能训练的载体。因此,本课程的定位为:一个认同、两个基础、三个基本、四个目标。

一个认同:通过本课程的教学,首先要解决的是学生对会计专业的认同问题,并通过认同,培育学生学习会计专业的兴趣,让学生了解会计在实践中的现状和在社会生活中的功能。

两个基础:本课程一方面是会计专业主干课程的专业基础课程,另一方面是初级会计岗位职业综合能力的养成课程。

三个基本:本课程教学内容主体是会计的基本技能、基本知识、基本理论。

四个目标:本课程应实现认同职业角色、夯实专业基础、履行岗位能力、把握初级会计岗位专业技术四个教学目标。

### (二)课程改革理念

1. 目前存在的主要问题

由于本课程为专业基础课,知识性、专业理论性太强,目前本课程实施主要存在以下问题:

① 教学目标的单一性——重视会计基本知识和理论的认知和把握,缺乏专业知识的系统性教学及专业知识认知与专业能力训练的有机结合。

② 教学内容的选择层次性弱——本科、大专、中专等不同教育层次的教学内容选择性不明显,高等职业教育特色不突出。

③ 学生学习难度太大,不易理解,学习无兴趣,被动学习的局面相当普遍。

④ 教学方法单一,创新性弱,考核评价方式不易创新。

2. 课程改革指向

重点突出、降低起点、重构基础、反映前沿。

3. 教学目标定位

① 根据专业培养目标的要求，按照知识、素质、态度、职业准备的培养定位，调整教学培养目标。体现知识把握、理论认知和专业实践能力训练相结合的教学要求。

② 符合职业技能教育的特点和要求，明确知识教学体系和能力教学训练体系，使教学内容具有可读性、趣味性、实践性。尽量形成综合化或模块化教学内容结构，具有层次性。

③ 体现学生学习主体地位，便于增强学生自学的趣味。

④ 开发"以格式变化为切入点，以认知和能力训练为核心，以构建知识体系和能力训练体系为主线，以体现时代性、立体性和动态性为要求，达到以学生为主体、有所创新、有所特色"的新教材。格式要具有创新性。

⑤ 促进教学形式和教学评价的不断优化。

（三）课程设计思路

① 本课程设计的总体要求：以就业为导向，以能力为本位，以职业技能为主线，以单元课程内容为主题，以会计专业技术资格为主要考核依据，以夯实基础、适应岗位为目标，尽可能形成模块化课程体系。

② 本课程以"认同职业角色、夯实专业基础、履行岗位能力、把握初级会计岗位专业技术"四个基本目标，彻底打破按学科和理论体系设计课程的模式，按照初学者的认知规律，以"会计职业认知—会计出纳岗位—会计记账岗位—会计理论和知识基础"等模块群设计教学单元，依据初级会计岗位群的工作任务和为学习其他专业课程基础需要来选择和组织课程内容。

③ 根据会计岗位的工作需要，在学习该课程后，可以根据教学计划的整体安排，参加会计专业技术初级资格考试。

④ 按照"体现学生学习主体地位，使课程内容具有实践性、层次性、趣味性"的教学组织要求，开发与本课程标准相适应的"理实一体化"教材。

⑤ 学时与学分：192学时、8学分。

## 二、教学目标

1. 知识目标

① 了解会计专业技术初级资格考试及技能大赛情况，激发学生对会计专业的学习兴趣。

② 了解会计的发展史，培养学生对会计专业的专业意识。

③ 理解并掌握会计的职能、对象、假设、核算方法等基本理论。

④ 认知会计要素、会计科目等基本知识。

⑤ 理解会计等式、复式记账法、借贷记账法等基本原理。

⑥ 认知会计凭证、会计账簿、会计报表的概念、种类。

⑦ 认知财产清查的概念、种类。

⑧ 认知账务处理程序的概念、种类。

⑨ 认知会计档案的概念、种类。

2. 能力目标

① 能运用会计等式的原理进行试算平衡。

② 会运用复式记账法的原理进行经济业务的处理。

③ 会正确填制、审核会计凭证。

④ 会正确登记各种账页格式的账簿。

⑤ 会编制简单的资产负债表和利润表。

⑥ 会运用记账凭证账务处理程序进行账务处理。

3. 素质目标

① 培养学生严谨的工作作风和创新意识。

② 培养学生团队合作意识和组织协调能力。

③ 培养学生优良的职业道德，让其养成吃苦耐劳、爱岗敬业的品质。

## 三、授课对象和授课学期

授课对象：五年制高职学生。

授课学期：第一学年第一、二学期。

## 四、授课教材（表2-5-1）

表2-5-1　"基础会计"课程授课教材

| 教材名称 | 出版社 | 书号 |
|---|---|---|
| 基础会计 | 苏州大学出版社 | ISBN 978-7-81137-311-0 |
| 会计基础实务操作教程 | 立信会计出版社 | ISBN 978-7-5429-3111-5 |
| 会计基础 | 经济科学出版社 | ISBN 978-7-5141-0581-0 |

## 五、授课计划（表2-5-2、表2-5-3）

课程授课计划是教师组织课程教学的具体安排。由任课教师根据课程教学大纲（教学纲要或教学基本要求）、教材和教学进程表按学期编制。

课程授课计划由说明和授课计划表两部分组成。说明部分包括：教学内容、教学目标、学生学习现状分析等；授课计划表包括：周次、授课顺序、章节内容摘要、学时安排、实验安排、作业安排、考核时间和方法等。

课程授课计划在开学前完成，经教研组或备课组讨论，报相关部门审核后执行。任课教师应严格执行课程授课计划。因特殊情况确需变动，应按上述程序报批，并做记录说明。相关部门对任课教师执行课程授课计划情况应定期检查。

下面所列的授课计划仅供参考。考虑到学生一年级第一学期有一周军训、第二学期有值周及放假、考试等因素，每学期按16周制订授课计划。

表2-5-2　第一学期"基础会计"授课计划

| 周次 | 授课章节（单元） | 学时数 |
|---|---|---|
| 1 | 第一章　会计职业与会计从业技能<br>第二章　总论 | 6 |
| 2 | 第二章　总论 | 6 |

续表

| 周次 | 授课章节（单元） | 学时数 |
|---|---|---|
| 3 | 第三章 会计要素 | 6 |
| 4 | 第三章 会计要素 | 6 |
| 5 | 第四章 会计等式 | 6 |
| 6 | 第五章 会计科目与账户 | 6 |
| 7 | 第六章 借贷记账法 | 6 |
| 8 | 第六章 借贷记账法 | 6 |
| 9 | 第七章 经济业务与原始凭证 | 6 |
| 10 | 第七章 经济业务与原始凭证 | 6 |
| 11 | 第七章 经济业务与原始凭证 | 6 |
| 12 | 第八章 资金进入企业的核算 | 6 |
| 13 | 第八章 采购业务的核算 | 6 |
| 14 | 第八章 采购业务的核算 | 6 |
| 15 | 第八章 生产业务的核算 | 6 |
| 16 | 第八章 生产业务的核算 | 6 |
| 学时合计 | | 96 |

表2-5-3　第二学期"基础会计"授课计划

| 周次 | 授课章节（单元） | 学时数 |
|---|---|---|
| 1 | 第八章 销售过程的核算 | 6 |
| 2 | 第八章 销售过程的核算 | 6 |
| 3 | 第八章 经营成果的核算 | 6 |
| 4 | 第八章 经营成果的核算 | 6 |
| 5 | 第九章 记账凭证概述、记账凭证的填制与审核 | 6 |
| 6 | 第九章 记账凭证的填制与审核 | 6 |
| 7 | 第九章 记账凭证的填制与审核 | 6 |
| 8 | 第十章 会计账簿 | 6 |
| 9 | 第十章 会计账簿 | 6 |
| 10 | 第十章 会计账簿 | 6 |

续表

| 周次 | 授课章节（单元） | 学时数 |
|---|---|---|
| 11 | 第十一章　财产清查 | 6 |
| 12 | 第十一章　财产清查 | 6 |
| 13 | 第十二章　财务会计报告 | 6 |
| 14 | 第十二章　财务会计报告 | 6 |
| 15 | 第十三章　会计处理程序 | 6 |
| 16 | 第十三章　会计处理程序 | 6 |
| 学时合计 | | 96 |

## 六、教学内容及学时具体安排（表2-5-4）

表2-5-4　"基础会计"教学内容及学时具体安排

| 第一章　会计职业与会计从业技能 | | |
|---|---|---|
| 相关知识 | 1. 了解会计职业<br>2. 了解会计的基本技能<br>3. 了解作为一名会计人员应具备的基本素养 | 2学时 |
| 实验实训 | 无 | — |
| 第二章　总　论 | | |
| 相关知识 | 第一节　会计概论<br>一、会计的概念及基本特征<br>（一）会计的概念<br>（二）会计的基本特征<br>二、会计的基本职能<br>（一）会计的核算职能<br>（二）会计的监督职能<br>（三）会计核算与监督职能的关系<br>三、会计对象和会计核算的具体内容<br>（一）会计对象<br>（二）会计核算的具体内容 | 9学时 |

续表

| | 第二章 总 论 | |
|---|---|---|
| 相关知识 | 第二节 会计基本假设<br>一、会计主体<br>二、持续经营<br>三、会计分期<br>四、货币计量<br>第三节 会计基础<br>一、会计基础的概念和种类<br>二、权责发生制<br>三、收付实现制 | 9学时 |
| 实验实训 | 1. 辨别会计核算的具体内容<br>2. 计算收付实现制下的收入与支出 | 1学时 |
| | 第三章 会计要素 | |
| 相关知识 | 一、会计要素的确认<br>（一）资产<br>1. 资产的定义<br>2. 资产的分类和具体内容<br>（二）负债<br>1. 负债的定义<br>2. 负债的分类和具体内容<br>（三）所有者权益<br>1. 所有者权益的定义<br>2. 所有者权益的分类和具体内容<br>（四）收入<br>1. 收入的定义<br>2. 收入的分类和具体内容<br>（五）费用<br>1. 费用的定义<br>2. 费用的分类和具体内容<br>（六）利润<br>1. 利润的定义<br>2. 利润的分类和具体内容<br>二、会计要素的计量 | 6学时 |
| 实验实训 | 识别会计要素 | 6学时 |

续表

| | 第四章　会计等式 | |
|---|---|---|
| 相关知识 | 一、资产＝负债＋所有者权益<br>（一）会计恒等式<br>资产＝权益<br>资产＝负债＋所有者权益<br>（二）经济业务对会计恒等式的影响<br>1. 对"资产＝权益"等式的影响<br>2. 对"资产＝负债＋所有者权益"等式的影响<br>二、收入－费用＝利润<br>三、资产＝负债＋所有者权益＋（收入－费用） | 4学时 |
| 实验实训 | 1. 根据所给的经济业务，分析其对会计恒等式的影响<br>2. 根据对会计恒等式的影响，找出正确的经济业务<br>3. 根据会计恒等式进行计算 | 2学时 |
| | 第五章　会计科目与账户 | |
| 相关知识 | 第一节　会计科目<br>一、会计科目的概念<br>二、会计科目的分类<br>（一）按其归属的会计要素分类<br>（二）按提供信息的详细程度及其统驭关系分类<br>三、会计科目的设置<br>（一）会计科目的设置原则<br>（二）常用会计科目<br>第二节　会计账户<br>一、会计账户的定义<br>二、会计账户的分类<br>三、会计账户与会计科目的联系与区别 | 4学时 |
| 实验实训 | 1. 辨析会计科目的种类<br>2. 辨析会计账户的种类 | 2学时 |

续表

| | | |
|---|---|---|
| | **第六章　借贷记账法** | |
| 相关知识 | 一、复式记账法<br>二、借贷记账法<br>（一）借贷记账法的概念<br>（二）借贷记账法的记账符号<br>（三）借贷记账法的会计科目结构<br>（四）借贷记账法的记账规则<br>（五）会计科目的对应关系和会计分录<br>（六）借贷记账法的试算平衡<br>1. 试算平衡的含义<br>2. 试算平衡的分类<br>（1）发生额试算平衡法<br>（2）余额试算平衡法<br>三、总分类科目与明细分类科目的平行登记<br>（一）总分类科目与明细分类科目的关系<br>（二）总分类科目与明细分类科目的平行登记 | 8学时 |
| 实验实训 | 1. 根据所给账户，辨别增加与减少额的方向<br>2. 计算账户余额<br>3. 根据所给的经济业务，分析所涉及的会计科目，分析增减方向，写出会计分录<br>4. 发生额试算平衡<br>5. 余额试算平衡<br>6. 根据总分类科目与明细分类科目的关系进行计算 | 4学时 |
| | **第七章　经济业务与原始凭证** | |
| 相关知识 | 一、原始凭证的种类<br>（一）按照取得来源的不同分类<br>（二）按照格式的不同分类<br>二、原始凭证的基本内容<br>三、原始凭证的填制要求<br>（一）填制原始凭证的基本要求<br>（二）正确填写票据和有关计算凭证的规定<br>四、原始凭证的审核<br>（一）审核内容<br>（二）审核后的处理<br>1. 审核无误的原始凭证<br>2. 不真实、不合法的原始凭证<br>3. 不完整、不准确的原始凭证 | 6学时 |

续表

| | 第七章　经济业务与原始凭证 | |
|---|---|---|
| 实验实训 | 1. 支票的填写实训<br>2. 收据的填写实训<br>3. 借款单的填写实训<br>4. 增值税专用发票的填写实训<br>5. 商业汇票的填写实训<br>6. 汇兑结算凭证的填写实训<br>7. 委托收款结算凭证的填写实训<br>8. 进账单的填写实训<br>9. 缴款单的填写实训<br>10. 原始凭证的审核实训 | 12学时 |
| | 第八章　企业基本经济业务的确认与计量——资金进入企业的核算 | |
| 相关知识 | 一、接受投资者投资的核算<br>（一）接受货币资金投资<br>（二）接受实物资产投资<br>（三）接受无形资产投资<br>二、借入资金的核算<br>（一）短期借款的核算<br>（二）长期借款的取得与归还 | 4学时 |
| 实验实训 | 根据资金进入企业的原始凭证，分析经济业务，写出会计分录 | 2学时 |
| | 第八章　企业基本经济业务的确认与计量——采购业务的核算 | |
| 相关知识 | 一、材料采购成本的构成<br>二、购入原材料的核算<br>（一）账户设置<br>（二）账务处理<br>1. 料到单到的处理<br>2. 单到料未到的处理<br>3. 料到单未到的处理<br>4. 采用预付货款方式采购材料的核算<br>三、发出原材料的核算<br>（一）账户设置<br>（二）账务处理 | 8学时 |
| 实验实训 | 1. 计算材料采购成本<br>2. 根据采购业务的原始凭证，分析经济业务，写出会计分录 | 4学时 |

续表

| | 第八章　企业基本经济业务的确认与计量——生产业务的核算 | |
|---|---|---|
| 相关知识 | 一、生产成本的构成<br>二、生产业务的核算<br>（一）账户设置<br>（二）账务处理<br>1. 领用材料的处理<br>2. 工资的处理<br>3. 制造费用的处理<br>4. 完工产品成本的计算与处理 | 8学时 |
| 实验实训 | 1. 辨别生产成本<br>2. 计算完工产品成本<br>3. 根据生产业务的原始凭证，分析经济业务，写出会计分录 | 4学时 |

| | 第八章　企业基本经济业务的确认与计量——销售过程的核算 | |
|---|---|---|
| 相关知识 | 一、销售产品的核算<br>（一）账户设置<br>（二）账务处理<br>1. 销售产品款已收的处理<br>2. 销售产品款未收的处理<br>3. 销售产品，收到商业汇票的处理<br>4. 采用预收货款销售产品的处理<br>5. 结转已销产品成本的处理<br>二、销售材料的处理<br>1. 销售材料的处理<br>2. 结转已销材料成本的处理<br>三、销售税金和销售费用的核算<br>（一）销售税金的核算<br>1. 账户设置<br>2. 账务处理<br>（二）销售费用的核算<br>1. 账户设置<br>2. 账务处理 | 8学时 |
| 实验实训 | 根据销售业务的需要，填写有关原始凭证；根据原始凭证，分析经济业务，写出会计分录 | 4学时 |

续表

| | | |
|---|---|---|
| 第八章 企业基本经济业务的确认与计量——经营成果的核算 | | |
| 相关知识 | 一、利润的核算<br>（一）利润的计算公式<br>（二）账户设置<br>（三）账务处理<br>二、利润分配的核算<br>（一）未分配利润的计算<br>（二）账户设置<br>（三）账务处理 | 8学时 |
| 实验实训 | 1. 计算利润<br>2. 计算未分配利润<br>3. 根据经营成果业务的需要，填写有关原始凭证；根据原始凭证，分析经济业务，写出会计分录 | 4学时 |
| 第九章 记账凭证的填制与审核 | | |
| 相关知识 | 一、会计凭证概述<br>（一）定义<br>（二）种类<br>二、记账凭证的含义和种类<br>（一）含义<br>（二）种类<br>1. 按内容可分为收款凭证、付款凭证和转账凭证<br>2. 按填列方式可分为复式记账凭证和单式记账凭证<br>三、记账凭证的基本内容<br>四、记账凭证的填制要求<br>（一）基本要求<br>（二）收款凭证的填制要求<br>（三）付款凭证的填制要求<br>（四）转账凭证的填制要求<br>（五）记账凭证的审核<br>五、会计凭证的传递和保管<br>（一）会计凭证的传递<br>（二）会计凭证的保管 | 8学时 |

续表

| | 第九章 记账凭证的填制与审核 | |
|---|---|---|
| 实验实训 | 1. 收款凭证的编制实训<br>2. 付款凭证的编制实训<br>3. 转账凭证的编制实训<br>4. 专用记账凭证的编制综合实训<br>5. 通用记账凭证的编制实训<br>6. 记账凭证的审核实训 | 10学时 |

| | 第十章 会计账簿 | |
|---|---|---|
| 相关知识 | 第一节 会计账簿概述<br>一、会计账簿的概念<br>二、会计账簿的分类<br>（一）按用途分类<br>（二）按账页格式分类<br>（三）按外形特征分类<br>第二节 会计账簿的内容、启用与登记规则<br>一、会计账簿的基本内容<br>二、会计账簿的启用<br>三、会计账簿的登记规则<br>第三节 会计账簿的格式和登记方法<br>一、日记账的格式和登记方法<br>（一）库存现金日记账的格式和登记方法<br>1. 库存现金日记账的格式<br>2. 库存现金日记账的登记方法<br>（二）银行存款日记账的格式和登记方法<br>二、总分类账的格式和登记方法<br>（一）总分类账的格式<br>（二）总分类账的登记方法<br>三、明细分类账的格式和登记方法<br>（一）明细分类账的格式<br>1. 三栏式明细分类账<br>2. 多栏式明细分类账<br>3. 数量金额式明细分类账<br>（二）明细分类账的登记方法<br>（三）总分类账和明细分类账的平行登记 | 12学时 |

续表

| | 第十章　会计账簿 | |
|---|---|---|
| 相关知识 | 第四节　对　账<br>一、账证核对<br>二、账账核对<br>三、账实核对<br>第五节　错账更正方法<br>一、划线更正法<br>二、红字更正法<br>三、补充登记法<br>第六节　结　账<br>一、结账的程序<br>二、结账的方法<br>第七节　会计账簿的更换与保管<br>一、会计账簿的更换<br>二、会计账簿的保管 | 12学时 |
| 实验实训 | 1. 库存现金日记账的登账实训<br>2. 银行存款日记账的登账实训<br>3. 总分类账的登账实训<br>4. 三栏式明细分类账的登账实训<br>5. 数量金额式明细分类账的登账实训 | 6学时 |
| | 第十一章　财产清查 | |
| 相关知识 | 第一节　财产清查概述<br>一、财产清查的概念<br>（一）定义<br>（二）分类<br>1. 按清查的范围可分为全面清查和局部清查<br>2. 按清查的时间可分为定期清查和不定期清查<br>二、财产清查的意义<br>三、财产清查的一般程序<br>第二节　财产清查的方法<br>一、货币资金的清查方法<br>（一）库存现金的清查<br>（二）银行存款的清查<br>二、实物的清查方法<br>（一）实地盘点法<br>（二）技术推算法<br>三、往来款项的清查方法 | 8学时 |

续表

| | | |
|---|---|---|
| 相关知识 | **第十一章　财产清查**<br>第三节　财产清查结果的处理<br>一、财产清查结果的处理要求<br>二、财产清查结果的处理步骤和方法<br>（一）账户设置<br>（二）账务处理<br>1. 库存现金盘盈的处理<br>（1）审批之前的处理<br>（2）审批之后的处理<br>2. 库存现金盘亏的处理<br>（1）审批之前的处理<br>（2）审批之后的处理<br>3. 存货盘盈的处理<br>（1）审批之前的处理<br>（2）审批之后的处理<br>4. 存货盘亏的处理<br>（1）审批之前的处理<br>（2）审批之后的处理<br>5. 固定资产盘盈的处理<br>（1）审批之前的处理<br>（2）审批之后的处理<br>6. 固定资产盘亏的处理<br>（1）审批之前的处理<br>（2）审批之后的处理 | 8学时 |
| 实验实训 | 1. 银行存款余额调节表的编制实训<br>2. 根据财产清查业务的需要，填写有关原始凭证；根据原始凭证，分析经济业务，写出会计分录 | 4学时 |
| 相关知识 | **第十二章　财务会计报告**<br>第一节　财务会计报告概述<br>一、财务会计报告的概念<br>二、财务会计报告的构成<br>三、财务会计报告的种类<br>四、财务会计报告的编制要求<br>第二节　资产负债表<br>一、资产负债表的概念和意义<br>二、资产负债表的格式<br>三、资产负债表编制的基本方法<br>第三节　利润表<br>一、利润表的概念和意义<br>二、利润表的格式<br>三、利润表编制的基本方法 | 8学时 |
| 实验实训 | 1. 资产负债表的编制实训<br>2. 利润表的编制实训 | 4学时 |

续表

| | 第十三章　会计处理程序 | |
|---|---|---|
| 相关知识 | 第一节　账务处理程序概述<br>一、账务处理程序的含义<br>二、账务处理程序的种类<br>　　　　第二节　记账凭证账务处理程序<br>一、一般步骤<br>二、记账凭证账务处理程序的特点、优缺点及适用范围<br>（一）特点<br>（二）优缺点<br>（三）适用范围<br>　　　　第三节　汇总记账凭证账务处理程序<br>一、汇总记账凭证的编制方法<br>（一）汇总收款凭证的编制<br>（二）汇总付款凭证的编制<br>（三）汇总转账凭证的编制<br>二、一般步骤<br>三、汇总记账凭证账务处理程序的特点、优缺点及适用范围<br>（一）特点<br>（二）优缺点<br>（三）适用范围<br>　　　　第四节　科目汇总表账务处理程序<br>一、科目汇总表的编制方法<br>二、一般步骤<br>三、科目汇总表账务处理程序的特点、优缺点及适用范围<br>（一）特点<br>（二）优缺点<br>（三）适用范围 | 6学时 |
| 实验实训 | 1. 采用记账凭证账务处理程序进行会计核算<br>2. 采用科目汇总表账务处理程序进行会计核算<br>3. 编制汇总收款凭证的实训<br>4. 编制汇总付款凭证的实训<br>5. 编制汇总转账凭证的实训 | 6学时 |

## 七、备课要求

备课分五个阶段，即学期备课（了解本专业实施性教学计划，掌握本课程教学大纲，制订学期课程授课计划）、单元备课（理清章节教学内容的关联，确定重点、难点）、课次备课、课前备课、课后反思。提倡集体备课。

备课要做到备学生、备内容、备方法。"备学生"是指了解学生的知识基础、学习态度、学习需要、学习方式和习惯。"备内容"要求正确地把握教学内容的基本要求、重点和难点,处理好相关课程的关系。教学内容应反映行业一线的实际,突出应用性、实践性,注意补充新知识。"备方法"要求因材施教,重视学生的非智力因素,考虑适合学生实际情况的教学方法和现代化教学手段。

教案包括首页、教学过程设计两个部分。

理论课程教案的首页有课题序号、授课班级、授课学时、授课形式、授课章节名称、教学目标、教学重点与难点、更新、补充、删减内容、课外作业和授课主要内容或板书设计;教学过程设计应有教学程序与时间分配、教学内容、师生活动设计、教学方法与教学手段、实验(实践)设计、课堂小结、作业安排。

实训课程教案有实习课题、职业技能训练目标、形成职业技能的要领及注意事项、教学过程、课内训练作业、课外训练作业、教学场所及设施要求等部分。

教师开学前应提前写好两周教案,学期中应提前写好一周教案。理论课程、实训课程教案均根据课程授课计划按课次编写。不准沿用旧教案,禁止无教案上课。学校每学期至少进行两次教案检查。

## 八、教学方法

"基础会计"课程采用"理实一体化"教学方法,讲练结合,使学生在做中学,学中做。可利用"基础会计"教学软件进行实验实训部分的教学。

建议:每一章结束后进行章节测验;时间允许的话,课程结束后再进行一次综合实训。

## 九、上课要求

理论课程教师授课应做到以下几点:

① 娴熟运用基本教学技能:导入技能、语言技能、提问技能、板书技能、运用教具及现代化教学手段技能、演示技能、强化技能、反馈

技能、练习技能、课堂组织技能、变化技能、结束技能等。

②要根据教学目标、教学内容和学生实际水平等运用正确的教学方法。教师必须注重增强学生的自尊与自信；必须注重激发学生的学习兴趣，调动学生学习的积极性、主动性；必须重视指导学生掌握学习方法，培养学生分析问题和解决问题的能力，实现教学活动的整体优化。

③重视运用现代教育技术，实现现代教育技术与课程的整合。逐步实现教学内容的呈现方式、学生的学习方式、教师的教学方式和师生的互动方式的变革，营造以学生为主体的和谐学习氛围。

实训课程教师授课包括如下基本环节：

① 组织教学。检查本课程技能训练设施和实训材料是否齐备，学生准备工作是否就绪。

② 结合相关理论讲解本课程训练目标和操作要领，并进行示范。

③ 指导学生训练，巡回辅导。

④ 集中讲评。

⑤ 布置课外训练作业或思考题。

理论课程和实训课程教师授课时须渗透思想品德教育和职业道德教育。

## 十、作业要求

作业一般包括预习或复习课本；阅读有关的课外资料；完成书面作业、口头作业、实践技能作业等。作业应依据教学目标设计，具有典型性、综合性，可使学生举一反三。应对不同水平的学生布置不同要求的作业。周作业量按中等程度学生完成时间约等于周学时数的 $1/3\sim1/2$ 来安排为宜。

教师应及时认真批改作业，原则上要求全收全改。要有批改记号和成绩记录。对作业中普遍性错误要集中讲评，不合格作业要退回学生订正或重做。

学校对教师批改作业的情况每学期至少抽查两次。

## 十一、考核评价要求

### （一）考核方式

本课程采用过程性考核与考试相结合的方式。

### （二）考核内容及比例分配（表 2-5-5）

表 2-5-5　"基础会计"课程考核内容及比例分配

| 项目 | 平时 | 期中考试（闭卷） | 期末考试（闭卷） |
| --- | --- | --- | --- |
| 考核内容 | 作业、单元测验、课堂表现等 | 理论与实务 | 理论与实务 |
| 比例 | 30% | 30% | 40% |

## 十二、教学设备要求

投影仪、投影用实物教学软件、装订机、装订针线、记账凭证、各类账簿、资产负债表、利润表、各种空白原始凭证样本等。

## 十三、附录

学生在"基础会计"课程学习结束后，应掌握下列基本经济业务的会计分录。

### （一）筹集资金

1. 收到投资

借：固定资产（设备、房屋）

或：银行存款（货币资金）

　　无形资产（专利权等）

贷：实收资本（股本）

2. 向银行借入借款

借：银行存款

　贷：短期借款（一年以内）

　或：长期借款（一年以上）

## （二）供应过程

1. 购进材料，材料未入库

借：材料采购（包括运杂费）
　　　应交税费——应交增值税（进项税额）
　贷：银行存款（付款或支票）
　或：应付票据（商业汇票）
　　　应付账款（款未付）

2. 材料入库

借：原材料——×××材料
　贷：材料采购

3. 偿还欠款或商业汇票到期付款

借：应付账款
或：应付票据
　贷：银行存款

## （三）生产过程

1. 从仓库领用材料

借：生产成本——A产品（A产品领用材料）
　　　　　　——B产品（B产品领用材料）
　　制造费用（车间一般性耗用材料）
　　管理费用（管理部门领用材料）
　贷：原材料——×××材料

2. 计算（结转）本月工资

借：生产成本——A产品（A产品工人工资）
　　　　　　——B产品（B产品工人工资）
　　制造费用（车间管理人员工资）
　　管理费用（厂部管理部门人员工资，含财务人员）
　贷：应付职工薪酬

3. 从银行提取现金，备发工资

借：库存现金
　贷：银行存款

4. 以现金发放职工工资

借：应付职工薪酬
　　贷：库存现金

5. 以银行存款预付下半年或下年度报纸杂志费（房租费或保险费）

借：待摊费用
　　贷：银行存款

6. 摊销（分摊）保险费等

借：管理费用
或：制造费用
　　贷：待摊费用

7. 计提（预提）或支付银行短期借款利息

借：财务费用
　　贷：应付利息
　　或：银行存款

8. 计提本月固定资产折旧

借：制造费用（车间设备折旧）
　　管理费用（厂部固定资产折旧）
　　贷：累计折旧

9. 职工报销医药费

借：应付职工薪酬（在职职工）
　　管理费用（退休人员）
　　贷：库存现金

10. 用现金购买办公用品

借：管理费用（管理部门办公用）
　　制造费用（车间办公用）
　　贷：库存现金

11. 出差人员借支差旅费

借：其他应收款——×××
　　贷：库存现金

12. 出差人员归来报销差旅费（多借退回余款）

借：管理费用（报销的金额）

或：制造费用（报销的金额）

　　库存现金（退回的款项）

　贷：其他应收款——×××（原来借支的金额）

13. 出差人员归来报销差旅费（少借补足款项）

借：管理费用（报销的金额）

或：制造费用（报销的金额）

　贷：其他应收款——×××（原来借支的金额）

　　　库存现金（补足的款项）

14. 月末，分配并结转制造费用

借：生产成本——A 产品

　　　　　——B 产品

　贷：制造费用

15. 月末，结转完工入库产品成本

借：库存商品——×××产品

　贷：生产成本——×××产品

## （四）销售过程

1. 销售产品，取得收入

借：银行存款（收到支票或存款存入银行）

或：应收票据（收到商业汇票）

或：应收账款（未收到款项）

　贷：主营业务收入

　　　应交税费——应交增值税（销项税额）

2. 销售产品，用银行存款代垫运杂费，并向银行办妥托收手续

借：应收账款——×××单位

　贷：主营业务收入

　　　应交税费——应交增值税（销项税额）

　　　银行存款（代垫的运杂费）

3. 用银行存款支付广告费、展览费、销售过程运杂费等

借：销售费用
　　贷：银行存款

4. 收回欠款或商业汇票到期收款存入银行

借：银行存款
　　贷：应收账款——×××单位
　　或：应收票据

5. 结转已销售产品的销售（生产）成本

借：主营业务成本
　　贷：库存商品

6. 销售材料

借：银行存款
或：应收账款——×××单位
或：应收票据
　　贷：其他业务收入
　　　　应交税费——应交增值税（销项税额）

7. 结转出售材料的成本

借：其他业务成本
　　贷：原材料——×××材料

8. 计算销售税金

借：税金及附加
　　贷：应交税费——应交×××税（消费税、城市维护建设税、教育费附加）

9. 上缴各种税费

借：应交税费——应交×××税
　　贷：银行存款

### （五）利润形成

1. 罚款收入

借：银行存款
　　贷：营业外收入

2. 罚款或对外捐赠支出

借：营业外支出
　　贷：银行存款

3. 结转损益类账户

（1）结转收入类账户

借：主营业务收入
　　　其他业务收入
　　　营业外收入
　　贷：本年利润

（2）结转成本费用类账户

借：本年利润
　　贷：主营业务成本
　　　　其他业务成本
　　　　营业外支出
　　　　管理费用
　　　　财务费用
　　　　销售费用
　　　　税金及附加

4. 计算所得税

借：所得税费用
　　贷：应交税费——应交所得税

5. 结转所得税

借：本年利润
　　贷：所得税费用

6. 结转本年实现的净利润

借：本年利润
　　贷：利润分配——未分配利润

7. 提取盈余公积

借：利润分配——提取盈余公积
　　贷：盈余公积

8. 向股东分配普通股利

借：利润分配——应付股利
　　贷：应付股利

9. 支付股利

借：应付股利
　　贷：银行存款
　　或：库存商品

## （六）财产清查（批准前）

1. 盘盈存货

借：原材料
或：库存商品
　　贷：待处理财产损溢——待处理流动资产损溢

2. 盘盈固定资产

借：固定资产
　　贷：以前年度损益调整

3. 盘亏存货

借：待处理财产损溢——待处理流动资产损溢
　　贷：原材料
　　或：库存商品

4. 盘亏固定资产

借：累计折旧
　　固定资产减值准备
　　待处理财产损溢——待处理固定资产损溢
　　贷：固定资产

## （七）财产清查（批准后）

1. 盘盈存货的处理

借：待处理财产损溢——待处理流动资产损溢
　　贷：管理费用

2. 盘盈固定资产的处理

借：以前年度损益调整
　　贷：利润分配——未分配利润

3. 盘亏存货的处理

借：管理费用（定额内合理损耗）

　　其他应收款——×××（责任人赔偿）

　　营业外支出（自然灾害、非常损失）

　贷：待处理财产损溢——待处理流动资产损溢

4. 盘亏固定资产的处理

借：营业外支出

　　其他应收款——×××（责任人赔偿）

　贷：待处理财产损溢——待处理固定资产损溢

# 成果 6

# "手工点钞——单指单张点钞技巧训练"课程教学设计

## 一、"手工点钞——单指单张点钞技巧训练"课程教学设计(表2-6-1)

表 2-6-1 "手工点钞——单指单张点钞技巧训练"课程教学设计

| 课题名称 | 手工点钞——单指单张点钞技巧训练 | 课时数 | 2课时 |
|---|---|---|---|
| 授课地点 | 财经楼会计实训基地 | 教学方法 | "五环四步"教学法 |
| 参考教材 | 《会计基本技能(第二版)》,高翠莲主编,"十二五"职业教育国家规划教材,高等教育出版社出版,2019年 | | |
| 其他资源 | 1. "会计基本技能"课程网络学习平台<br>2. 《人民的名义》花式多指点钞片段<br>3. 点钞微课、集训队选手全方位点钞视频<br>4. 二合一平板电脑<br>5. 爱丁平板现金盘点软件 | | |
| 教学目标 | 1. 知识目标<br>了解点钞的实用情况并能说出手工点钞的基本要求<br>2. 能力目标<br>能运用各自的点钞方法准确进行钞票的清点<br>3. 素质目标<br>培养学生规范操作的意识和严谨的专业态度 | | |
| 教学重点 | 手工点钞的操作流程与动作方法 | | |
| 教学难点 | 清点的速度与准确性 | | |
| 学情分析 | 本课程的授课对象为中职会计专业二年级学生。在此之前,学生已了解了专业的点钞方法,能用自己的点钞方法对钞票进行清点,但点钞动作缺乏规范性,不能有效地完成点钞工作。从往届学生反映来看,学生新奇于团队形式及信息化学习,并对专业实训课程有浓厚的学习兴趣 | | |
| 教学环境 | 本课程的教学环境为财经楼会计实训基地,其中会计技能实训中心是进行会计技能实训和会计模拟操作的场所,服务于会计专业课程的手工技能训练,主要承担点验钞技能、会计书写、财务小键盘录入、凭证和账簿装订等技能实训教学任务 | | |

续表

| 教学策略 | 网络学习平台满足师生课堂生成，实时互动；微课视频与集训队选手视频，使点钞流程展示更清晰；二合一平板电脑，对点钞过程进行监控；爱丁学生派，及时反馈课堂检测效果，生成分析数据<br>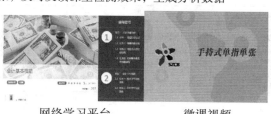<br>　网络学习平台　　　　　微课视频<br><br>　二合一平板电脑　　　　爱丁学生派 |
|---|---|
| 教学设计 | 本课程采用"五环四步"教学法，从"动"（课前热身练习）、"诊"（基础能力诊断）、"学"（课中技能学习）、"鉴"（技能等级鉴定）、"思"（技能学习反思）五个环节，在"学"的环节按照"任务"（训练任务确定）、"行动"（训练任务实施）、"检测"（学习效果检测）、"反馈"（学习情况反馈）四个步骤，借助"会计基本技能"课程学习平台、微课课件、二合一平板电脑、爱丁学生派等信息化手段，引导学生自主学习，激发学生多种潜能，建立"先学后教，以学定教"的新模式<br>课前：学生通过"会计基本技能"课程网络教学平台领取课前预习任务，完成课前测试与诊断，以此来了解学生已掌握的知识，根据学生选择的点钞方法进行分组；观看《人民的名义》花式多指点钞片段，对学生进行发展动员，学生借助点钞券，完成课前热身练习；学生在学习空间留下学习痕迹，记录学习过程，上网调查点钞相关资料，进入"学习讨论区"分享讨论<br>课中：根据学生的情况进行分组教学，按照"任务—行动—检测—反馈"四个步骤，依次展开教学活动；通过微课课件和动作分解视频，讲解、演示点钞环节，让学生熟记点钞基本要求的四字口诀：点数准确、钞票墩齐、扎把捆紧、盖章清晰、动作连贯；再组织小组竞赛，检测学生练习效果；利用爱丁平板现金盘点软件反馈结果，以赛促练，引入微格教学法，结合平板学习工具生成的数据分析，以此来改进学生的问题，突出重点，突破难点<br>最后：结合教师打分、系统生成的成绩及学生自评三方面的数据对学生训练之后的点钞技能等级进行鉴定 |

续表

| 课后作业 | 1. 在学习平台上完成技能学习反思<br>2. 通过会计实训基地模拟银行，体验银行清点钞券工作<br>3. 通过手机软件，了解人民币 100 元的防伪技术 | | | |
|---|---|---|---|---|
| 课后小结 | 从课后作业情况来看，大部分学生能顺利完成清点钞券工作，点钞流程步骤正确，达到点钞基本要求。与未实行信息化的教学班相比，学生更熟悉点钞流程，动作方法更精细。但有个别学生点钞动作不规范、流程存在疏漏。对于这些学生应在课后进行有针对性的个性化辅导，强化训练 | | | |

| 环节 | | 内容 | 活动 | | 信息手段 |
|---|---|---|---|---|---|
| | | | 教师 | 学生 | |
| 课前准备 | 动、诊 | 1. 准备点钞相关的工具：钞票、扎条、秒表等<br>2. 了解点钞技能要求：学生结合本专业思考为什么要学点钞<br>3. 观看《人民的名义》花式多指点钞片段，调查相关资料，尝试用自己的方法点钞<br>4. 提供两种点钞方法：<br>（1）手持式单指单张点钞法<br>（2）刀削式单指单张点钞法<br>根据平台诊断表对学生已掌握的知识、已具有的技能进行诊断 | 1. 通过平台上传学习资料<br>2. 发布学习任务<br>3. 查看预习学习情况，进入"学习讨论区"查看讨论情况<br>4. 在平台上提问并发布诊断表，根据学生填写的诊断表、学生选择的点钞方法，对学生进行分组 | 1. 准备好相关的点钞用品<br>2. 查看学习任务书；调查点钞资料，在"学习讨论区"发表自己的观点<br>3. 观看《人民的名义》花式多指点钞片段，自主练习，记录学习过程<br>4. 学生登录平台，完成测试题与诊断表 | 1. "会计基本技能"课程网络学习平台<br>2. 热播电视视频资料 |
| 确定任务<br>（5 min） | 学：任务 | 活动一：归纳基本步骤，规范基本操作<br>活动二：组织小组竞赛，检测学习效果 | 发放电子任务单 | 接受任务 | "会计基本技能"课程网络学习平台 |

续表

| 环节 | 内容 | 活动 | | 信息手段 |
|---|---|---|---|---|
| | | 教师 | 学生 | |
| 开展活动一：归纳基本步骤，规范基本操作（45 min） | （一）观看视频，归纳完整的点钞流程<br>利用微课课件展示点钞的完整流程，学生在观看的同时自己归纳点钞的完整流程步骤，熟记点钞基本要求的四字口诀：点数准确、钞票墩齐、扎把捆紧、盖章清晰、动作连贯 | 播放视频课件，同时在学生归纳点钞流程时，板书进行补充完善 | 观看视频课件，记录点钞工序流程，熟记口诀内容 | 1."会计基本技能"课程网络学习平台<br>2.微课课件 |
| | （二）参照动作分解视频，强化细节动作<br>通过动作分解视频全方位展示细节，学生登录平台观看细节动作更清晰直观。学生两人一组分别用不同的点钞方法进行1把钞票的清点，从而找出点钞的关键性环节<br>学：行动 | 结合示范，将点钞动作进行分解，通过动作分解视频展示动作，同时强调每一个动作步骤的细节、注意点 | 登录平台，观看教师动作分解，进行模仿跟练，同时做好详细记录。学生两人一组分别用不同的点钞方法进行1把钞票的清点计时 | 动作分解视频 |
| | （三）学生跟练，教师巡视并纠正动作<br>在动作分解视频中对需要强调的内容可以用暂停、重放等进一步说明 | 深入到每一组学生中去，了解学生的点钞情况，指导、点拨并帮助学生处理问题 | 1.学生进行分组练习，组内成员互相讨论，研究点钞动作<br>2.完成动作纠正，并在课程学习平台做好记录：出现了什么问题，如何解决 | "会计基本技能"课程网络学习平台 |

续表

| 环节 | 内容 | | 活动 | | 信息手段 |
| --- | --- | --- | --- | --- | --- |
| | | | 教师 | 学生 | |
| 开展活动二：组织小组竞赛，检测学习效果（30 min） | 学：检测与反馈 | （一）各小组轮流展示学习成果<br>利用爱丁平板现金盘点软件进行成绩记录，两个小组轮流展示五分钟钞票的清点，利用二合一平板电脑将每位学生的动作拍摄上传学习平台，引入微格教学法，小组与小组之间互相发现问题 | 教师在学生测试过程中巡视，发现学生的问题并记录，进行打分；测试结束后，通过爱丁平板现金盘点软件后台查看成绩分析，并对成绩进行点评 | 两个小组进行技能展示，将清点的结果录入爱丁平板现金盘点软件，结束后自动生成成绩 | 1."会计基本技能"课程网络学习平台<br>2.爱丁平板现金盘点软件 |
| | | （二）回看视频，动作纠正，重点强调<br>教师提问：是什么影响着点钞的速度与准确性<br>学生观看回放录像，并将录像上传至学习平台，与分解动作视频进行比对，各个小组通过交流、讨论，分析第一场测试存在的问题，并做改进练习 | 播放各组录制的成果展示视频，再次纠正动作，解决问题 | 将拍摄的视频上传至学习平台，各个小组通过交流、讨论，结合教师的点评，分析第一场测试存在的问题，并做改进练习 | 1."会计基本技能"课程网络学习平台<br>2.二合一平板电脑 |
| | | （三）组织第二次测试，检测改进效果<br>利用爱丁平板现金盘点软件进行成绩记录，两个小组再次进行测试，检验改进效果，根据软件自动生成的成绩数据，分析改进是否有效果 | 对第二次成绩进行点评，后台自动生成两场成绩的分析数据，通过学习平台将数据上传 | 1.学生进行第二次检测，检验改进效果<br>2.学生在平台观看自己的成绩分析报告及两场成绩横向对比与纵向对比 | 1."会计基本技能"课程网络学习平台<br>2.爱丁平板现金盘点软件 |

续表

| 环节 | | 内容 | 活动 | | 信息手段 |
|---|---|---|---|---|---|
| | | | 教师 | 学生 | |
| 总结评价（15 min） | 鉴 | 根据教师在课上对每位学生操作规范的打分、爱丁平板现金盘点软件生成的两场成绩及学生登录学习平台完成的自评表三方面的数据生成综合的能力等级鉴定。给达到优秀等级的学生颁发优秀等级证书，达到优秀等级的学生可获得与银行工作人员交流PK点钞的机会 | 1. 根据爱丁平板现金盘点软件给出的成绩，对完成出色小组给予表扬并鼓励其他小组<br>2. 平台生成课堂学生学习评价<br>3. 归纳本课程重点与难点，强调点钞的动作 | 1. 查看综合能力等级与三个方面的成绩数据<br>2. 认真对待课堂评价，查找差距并通过课后练习巩固学习<br>3. 倾听教师归纳总结 | "会计基本技能"课程网络学习平台交流区 |
| 课后拓展 | 思 | 1. 在学习平台上完成技能学习反思，总结技巧<br>2. 利用会计实训基地，以银行柜员身份体验清点钞券工作<br>3. 了解人民币100元的防伪技术 | 1. 组织学生进行模拟银行的体验<br>2. 通过平台查阅学生上传的作业，批改并评价 | 1. 完成技能学习反思<br>2. 角色扮演<br>3. 下载"人民币新100"软件，体验光变效果 | 1. "会计基本技能"课程网络学习平台<br>2. "人民币新100"软件 |

## 二、"手工点钞——单指单张点钞技巧训练"课堂教学流程（图2-6-1）

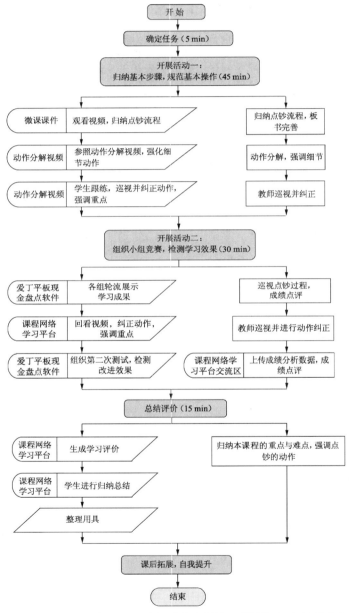

图 2-6-1 "手工点钞——单指单张点钞技巧训练"课堂教学流程

## 成果 7

# "平行登记"微课教学案例

## 一、背景分析

平行登记是"基础会计"课程"复式记账法"章节中的内容,在该阶段,学生尚属于初学者,对会计尚未完全入门。教科书上该部分内容以文字说明加案例形式予以呈现,文字部分比较抽象,学生理解起来比较困难,案例将登记好的总账与明细账直接呈现在学生面前,学生不知如何进行平行登记,即使记住了平行登记的要点,也不会操作。教师在课堂上可以通过实物投影的方式展示平行登记的实际操作过程,但投影效果差;教师也可以在黑板上演示平行登记的实际操作过程,但仿真性不够,而且工作量大,无法反复使用。

## 二、教学方法

要解决教学内容抽象、教学效果差的问题,微课是一种很好的方法。微课主题突出、内容具体、针对性强并可反复观看。学生可以在课前通过观看微课进行自学,课上教师可以运用微课解决学生问题,课后学生仍然可以回看微课进行复习。

## 三、教学目标

1. 知识目标

理解平行登记的要点。

2. 能力目标

初步掌握平行登记的方法。

3. 素质目标

培养学生的专业意识与兴趣，引导学生在校认真学习专业知识，为今后顺利上岗打下坚实的基础。

## 四、教学重点与难点

1. 教学重点

平行登记的方法。

2. 教学难点

平行登记的要点。

## 五、微课教学设计

### （一）情景导入

微课是为学生服务的，要让学生能自觉主动地观看微课，除了必要的检查手段外，微课要能吸引学生的眼球。有研究表明，现在的学生对动画、图片、声音比较感兴趣，纯文字类的内容，学生看着容易打瞌睡。对于职业学校的学生而言，他们对自己将要从事的职业也是比较关注的。所以，在设计微课时，以小李在单位进行会计实习为切入点，运用玛雅（Autodesk Maya）建造、设计3D人物模型和场景（图2-7-1），使人物生动、场景逼真、动作自然和流畅。

图2-7-1　"平行登记"微课场景设计

## （二）理实一体化的案例教学

小李对"平行登记"模糊不清，王会计决定手把手地教小李。

### 1. 展示案例（图 2-7-2、图 2-7-3）

2013 年 12 月 31 日，原材料账面余额如下
明细账　圆钢 750 千克＠20 元，15 000 元
　　　　线材 500 千克＠10 元，　5 000 元

总账　　　　　　　　　　　　　20 000 元

图 2-7-2　"平行登记"微课案例展示（1）

经济业务
2014 年 1 月 9 日，从正人集团购入圆钢 1 000 千克，单价 20 元，购入线材 1 000 千克，单价 10 元，增值税税额为 5 100 元，材料已验收入库，款未付。

图 2-7-3　"平行登记"微课案例展示（2）

### 2. 边讲解边演示平行登记的方法（图 2-7-4、图 2-7-5、图 2-7-6）

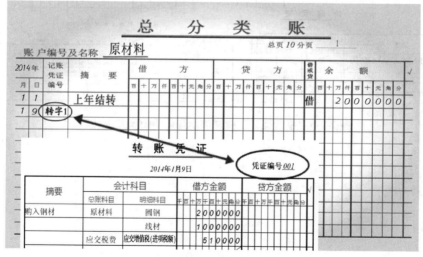

图 2-7-4　"平行登记"微课演示登记总账方法

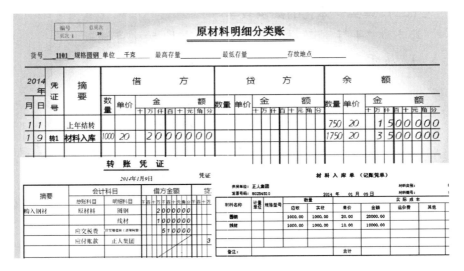

图 2-7-5 "平行登记"微课演示登记明细账方法（1）

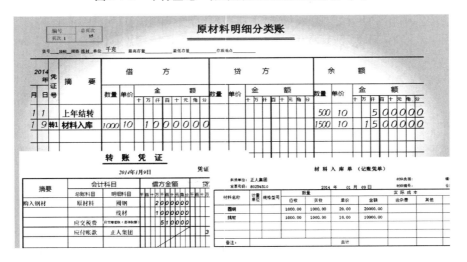

图 2-7-6 "平行登记"微课演示登记明细账方法（2）

3. 小结平行登记的"四同"要点（图 2-7-7、图 2-7-8、图 2-7-9、图 2-7-10）

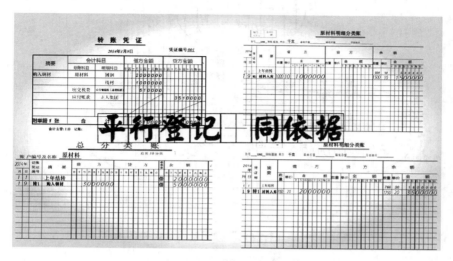

图 2-7-7 "平行登记"微课演示登记要点（1）

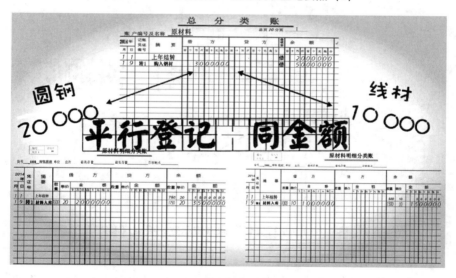

图 2-7-8 "平行登记"微课演示登记要点（2）

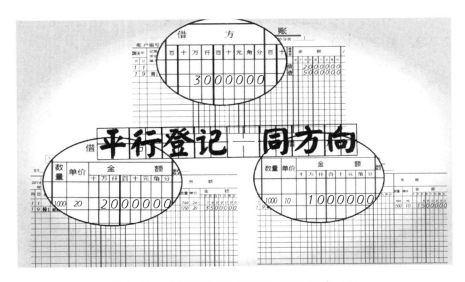

图 2-7-9 "平行登记"微课演示登记要点（3）

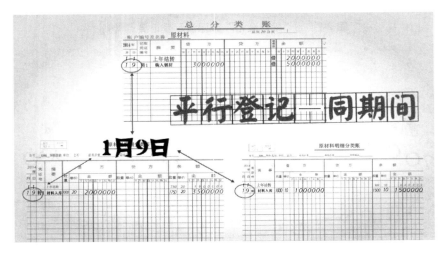

图 2-7-10 "平行登记"微课演示登记要点（4）

（三）结尾

通过王会计的演示，小李弄明白了平行登记的要点及实际操作方法，高兴不已，王会计却泼了小李一盆冷水，留下悬念。

## 六、教学反思

使用微课很好地解决了常规授课中存在的问题,受到了学生的欢迎。

但在微课的设计上还存在以下不足:

① 在讲解平行登记时,对语调、语速的把握尚不到位,抑扬顿挫才有美感。

② 小李弄明白"平行登记"后,就没了下文,应该再设计一个平行登记的案例,由小李进行操作。在教学中,由学生进行操作,这样比较符合教学中"练习(作业)"的要求。

③ 平行登记是总账与明细账核对的基础,留下悬念,是想引起学生继续看下去的欲望,但站在微课的角度,这样安排似乎有所不妥。

# 成果 8

# 会计专业现代化职业教育项目建设案例[①]

## 一、常州刘国钧高等职业技术学校现代化会计专业群建设例证

1. 专业群构建

(1) 目标定位。

根据《常州市国民经济和社会发展第十三个五年规划纲要》,学校将会计专业群各专业作为重点发展专业,建设思路清晰,目标明确,措施得力。在国家中等职业教育改革发展示范学校、江苏省职业学校高水平示范性实训基地、江苏省高水平现代化职业学校建设等重点项目中为本专业群提供各种支持和保障,专业建设规划中的各项目标全面达成。学校近五年先后投入675万余元新建和完善17个专业实验实训室,引进2位专业专任教师,专业教师整体水平得到全面提升。会计专业群在技能大赛、江苏省"两课"评比、信息化大赛等各类重点活动中成绩显著,在全省同类学校同类专业中名列前茅。学校在"十三五"发展规划中将会计专业群作为重点优先发展的专业群。改扩建、新建15个实验实训室。会计专业继续保持在全省领头地位,金融管理专业成为省品牌专业,会计(财务信息管理方向)成为财务信息管理专业。会计专业群为地方经济发展提供更好、更多的复合型、发展型、创新型技术技能人才。

(2) 结构组成。

会计专业群由会计、金融管理和会计(财务信息管理方向)三个专业(包括方向)组成。会计专业已经连续招生14年,会计专业(财务信息管理方向)已经连续招生10年。会计专业是学校重点建设专业,

---

① 说明:该案例完成于2019年,案例中涉及的时间以此为准。

是江苏省五年制高等职业教育品牌专业（2012年认定）；会计专业群实训基地在2016年被评为"江苏省财会高水平示范性实训基地"。群内各专业已实现师资共享、实验实训基地共建共享、课程资源共建共享。学校"十三五"专业建设规划中，将会计专业群确定为重点优先建设的专业群。三个专业将适度扩大招生规模。"十三五"期间，将进一步促进各专业间优势互补、合作共享，全面提升专业群的整体水平，全面增强服务能力。

（3）建设机制。

基本建成了校企双方参与的会计专业群组织体系，配备群负责人1位，校内专业负责人3位，群课程负责人2位，专业课程负责人3位。各负责人职责明确，会计专业群有效运行。已建有较完整的教学管理制度并汇编成《教学管理制度集》，建立了较科学的督导评价机制，在日常教育教学过程中严格执行制度和机制。学校建有信息化管理系统，开发了具有学校和专业特色的数字化教学（学习）平台，教学平台在日常教育教学中得到普遍使用，实现了教学资源的共享与互补。根据会计专业群建设需要，完善和调整专业群组织体系，培养专业群负责人（后备）2位，专业负责人（后备）3位，充实企业兼职专业负责人和课程负责人，进一步理顺负责人之间的职责，全面提升运行效率。进一步完善教学管理制度和督导评价机制，进一步发挥制度的作用。在学校信息化管理系统下建设会计专业群信息化管理子系统。引入泛雅等成熟的数字化教学平台，与现有数字化教学平台相互补充，不断丰富教学资源，提高教学质量。

2. 培养模式改革

（1）培养方案。

在《江苏联合职业技术学院指导性人才培养方案》的基础上，系部通过组织专业群负责人、专业负责人及专业骨干教师深入企业调研、召开专业建设咨询会、毕业生跟踪调查等多种方式掌握行业企业对专业人才的需求规格，编制了各专业职业岗位能力分析表，在此基础上，与企业人员一起制订了各专业实施性人才培养方案。在人才培养过程中，坚持"工学结合，知行合一"，根据实际情况和问题，分期分批组织学生到企业实际岗位上进行工学交替，引入企业真实项目到课堂中实施教学并与常州华鼎会计服务有限公司等多家企业实行校企一体化育人。在人才培养过程中,坚持立德树人,突出职业精神的培养,在提升学生的知识、技能的同时,全面提升学生的职业综合素养,为学生的全面发展、终身发展奠定坚实基础。通过企业调研、召开专业指导委员会会议、毕业生跟踪调查、与兄弟学校交流沟通、网络信息收集整理等多种形式,及时掌握行业企业的变化动态,及时修订和调整各专业实施性人才培养方案。拓展合作企业数量,形成工学交替常规机制,科学合理解决"4.5+0.5"人才培养方案实施后出现的问题。探索专业群校企联合招生、联合培养的"现代学徒制"培养模式,实行校企一体化育人。在人才培养过程中,更加注重职业道德和职业素养的培养,更加突出职业精神的培养,加强职业生涯规划教育,为学生终身发展服务。

(2)教学模式。

近年来,通过在会计专业群内开展专业课程整体设计与单元设计工作,基本实现专业课程项目化。在教学中坚持"做中学,做中教",坚持理实一体,普遍采用项目教学、情景教学、工作过程导向教学等。注重因材施教,实施学分制。教学过程与生产过程对接,教学内容与职业资格证书对接,突出对学生职业能力的培养。在人才培养过程中,引入企业参与人才培养全过程,积极利用企业资源,校企共建校内实训基地。会计专业群内所有教育教学场所均通过有线和无线相结合的方式上网,各实验实训室根据需要配置多媒体教学系统、大屏幕液晶投影、摄像头等。在校园网上有学校定制的金智数字化教学平台及超星泛雅学习平台,专业教师和学生全部开通网络教学空间和学习空间。会计专业群每年举办"国钧杯"技能节,开展"优才培养工程",重点培养技能优才,培养学生"工匠精神"。技能大赛成绩突出,近年来获得全国中等职业学校金融专业技能大赛、全国大学生银行综合业务技能大赛金牌4枚,江苏省职业学校财会专业技能大赛金牌10余枚。注重将技能大赛成果(师资、项目、设备等)运用到日常教学中,使所有学生都享受技能大赛红利。今后,将以工作过程为导向完善专业课程整体设计与单元设计,教学内容与生产一线对接,教学中全面实施理实一体化,坚持"做中学,做中教"。进一步发挥企业在人才培养过程中的作用,拓展校内外实训基地建设,吸引1~2家企业入驻校内。进一步发挥会计教研室的作用,校企合作开发真实项目3~4项。以学校现代化专业群、现代化实训基地建设为契机,全力打造、提升信息化教学环境,万兆进校，千兆到桌面，教育教学场所无线网络全覆盖。不断丰富和完善数字化教学平台上的课程资源，学生能熟悉使用各种智能终端，应用学习类App，在课堂上下、学校内外开展移动学习，翻转课堂成为常态，教学质量和效率明显提升。完善"优才培养工程"，技能大赛成绩在全省同类学校同类专业中保持领先，让所有学生享受技能大赛成果。

（3）评价模式。

以学生的职业道德、技术技能水平和就业质量为核心，制定了较完整的会计专业群人才培养质量评价标准，并在教育教学过程中实施。采用多元化评价方式，学生自评、互评，教师评价，家长评价，企业评价等在教育教学诸环节中广泛使用，引入职业资格证书考核、麦可思公司作为第三方评价，建立了毕业生跟踪调查制度。在数字化教学平台上建立了测评子系统，及时了解学生学习状况，以便教师及时调整教学进程和内容，提升教学质量。未来，将完善会计专业群人才培养质量评价标准并全面实施。完善多元化评价方式，更加注重职业素养的评价。第三方评价在教育教学过程中成为常态。丰富和完善信息化评价系统，建立每门专业课程每个项目的信息化评价试题库和试卷库，进一步发挥评价在教学中的作用。

### 3. 课程体系建设

（1）体系构建。

围绕会计、会计（财务信息管理方向）、金融管理职业岗位群，系部组织专业骨干教师进行广泛深入的调研，组织召开专业指导委员会会议，进行职业能力分析，形成了专业群岗位能力分析报告。围绕岗位群工作领域，设置"群专业平台课程""专业方向课程""群选修课程"，基本形成了各专业间彼此联系、共享开放的课程体系，在各专业实施性人才培养方案中体现。根据学生认知规律、技能形成特点，在省指导性人才培养方案的基础上，科学合理设置五年一贯制各阶段课程内容。已形成群专业平台课程12门，占全部专业课程数的50%，群选修课程18门（各专业选修课略有不同），占全部选修课程数的72%。未来，将围绕专业群所对应的"服务域"继续开展职业岗位群调研，完善专业群岗位能力分析报告。根据专业群职业岗位新知识、新技能、新方式、新设备等对专业人才的需求变化，科学调整"群专业平台课程""专业方向课程""群选修课程"，进一步完善课程体系。群专业平台课程和群选修课程占比稳定在50%以上，根据行业与社会需求变化，适当调整部分课程。

（2）课程开发。

建立了校企合作、共建共享的课程和课程资源开发机制。近年来，与常州公证企业管理咨询有限公司、常州君海软件有限公司、常州融达企业管理咨询服务有限公司、厦门网中网软件有限公司、南京司书软件系统有限公司等企业合作开发了多门课程和信息化教学资源。70%以上的群专业平台课程有微课、学习教材等辅助教学资源。在学院指导性专业课程标准的基础上，通过校企合作的方式，修订、完善了课程标准。根据会计专业群职业岗位要求，结合职业资格证书要求，将职业岗位所需的知识、技能和职业素养融入专业课程中。不断建设涵盖教学设计、教学实施、教学评价的数字化专业教学资源，已经建成的群资源库课程占全部群专业平台课程比例达60%。建成江苏联合职业技术学院精品课程1门（"会计应用技术实训"），与常州安易软件有限公司合作开发共享网络课程5门，其中4门网络课程实现市级以上共享。基本形成了会计专业群内各专业相互渗透、共享开放的教材体系，开发校本专业课程教材4本，江苏联合职业技术学院院本出版教材1本。未来，将完善校企合作、共建共享课程资源开发机制，丰富课程辅助教学资源，特别是信息化辅助教学资源。根据行业需求变化，进一步完善课程标准。将会计专业群中的新知识、新技术、新工艺、新设备的学习和运用更科学地融入课程中。建设内容更加丰富、形式更加多样、能提升学生学习兴趣和效率的数字化专业教学资源。再建成市级以上精品课程1门，共享网络课程4门。根据专业教学需要，完善已有校本教材，开发2本新校本教材。

（3）课程实施。

在教学中严格、规范执行课程标准，学生思想品质、文化素养、职业素养目标达成度高。学校建立了《人才培养方案管理规定》《校系二级教学管理实施制度》等，课程教学实施管理科学、规范。开齐、开足、开好人才培养方案所确定的所有课程。教学进程安排科学有序，资源配置合理。学校建立了完善的教材选用和开发机制，公共课统一使用国规、省规教材，专业课、实践课国规、省规教材使用率达82%以上。学校建立了完善的校系二级教学质量监控体系并严格执行，有效把控教学质量。学校充分利用信息技术和信息资源推进课程实施，优化教学过程。实际使用资源库课程资源的课程数占学期开设本课程的教学班次比例达82%，实际应用网络学习空间实施教学的课程数占学期开设的专业课比例达86%。未来，将完善课程管理制度，增加具有本专业群特色的制度。更加规范执行课程标准，定期与不定期相结合检查执行情况。严格执行学院和学校制定的教材选用和开发机制，进一步规范教材使用。在现有教学质量监控体系下，进一步发挥信息技术作用，更好地运用信息化手段进行质量监控。全面落实课堂教学信息化措施，专业课教师人人建立数字化教学平台，学生人人有数字化学习空间。利用信息化进行教和学成为常态。

4. 教学团队建设

（1）团队结构。

会计专业群专业教学团队现有成员33位，本专业群现有学生826位，师生比为1:25。群专业专任教学团队成员本科以上学历100%，研究生学历（或硕士以上学位）20位，占比61%。群专业专任教学团队高级职称21位，占比64%，获得高级工以上职业资格27位，占比82%，获得技师以上职业资格31位，占比94%。专业群建有行业企业兼职教师库，近年来有8位兼职教师来校授课或担任工学交替指导教师，均具有中级以上技术职称，6位具有高级职称，占比75%。未来，将适度扩大学生规模，继续引进优秀专业教师，师生比稳定在1:25以内。引进的教师必须为研究生学历，鼓励教师进修在职博士。今后，教师职称必须走高校系列，"十三五"结束时，本专业群将有1~2位教授，10~12位副教授。所有专业教师均取得技师以上职业资格，3~5位教师取得高级技师职业资格。扩大、优化兼职教师库，聘请企业技术骨干来校授课、开讲座、参与教育教学评价、指导毕业设计、担任工学交替及顶岗实习指导教师，兼职教师占专业专任教师比例达30%左右。

（2）团队素质。

学校高度重视师资队伍建设，围绕专业群建设单独制定群专业教学团队规划。面向全体教师进行"校优秀青年教师""校专业（学科）带头人""校学术带头人"等"三类对象"培养，任务目标清晰，考核评价具体，政策及经费保障到位。群专业专任教学团队年均师资培训经费约占教师工资总额的11%。近三年，群专业专任教学团队成员参加省专业课"两课"评比获"示范课"1节,参加信息化教学大赛获国赛1金1银1铜、省赛2金3银2铜;教师参加省技能大赛获金牌5枚、银牌5枚,指导学生参加技能大赛,获国赛金牌3枚,省赛金牌14枚、银牌16枚。群专业专任教师主持或参与省级、市级以上课题13个,参与省级、市级创新大赛1项,在省级以上刊物发表论文50余篇。群专业专任教学团队成员具有先进的职业教育理念,近三年出国学习3位,占比9%以上。未来,将制定会计专业群教学团队(含兼职教师)规划,全面提升团队成员教育教学和产学研能力。保持群专业专任教学团队年均师资培训经费占教师工资总额的10%以上。积极组织师生参加各类竞赛,竞赛成绩再创新高。全面提高团队成员教科研能力,特别是要加强校企合作,力争每年有来自企业的横向硬课题。"十三五"期间,安排4位以上教师出国学习、进修。

（3）核心专业负责人。

专业群核心专业负责人具有硕士学历,副教授职称,从事会计专业教学14年。专业群核心专业负责人拥有经济师、高级技师（高级营销师）、ERP供应链管理师、电子商务师、珠算技术等级证（普一级）等执业资格及技术职称,熟悉行业产业和本专业发展现状与趋势,每学年参加行业企业的相关活动4次以上。在省级以上刊物发表论文15篇,其中核心期刊3篇;主持江苏省教育科学"十三五"规划课题1个;主持第二期江苏省职业教育教学改革研究课题1个,获常州市"十二五"课题优秀成果"一等奖";主持常州市教育科学"十三五"规划课题1个;是多个国家及省市课题的核心成员;获江苏省"两课"评比"示范课"和常州市"一等奖";获江苏省信息化教学大赛"二等奖"和常州市"一等奖";指导学生获江苏省职业学校财会专业技能大赛"一等奖",本人获"优秀指导教师奖"。专业群核心专业负责人被聘为江苏联合职业技术学院会计专业带头人、常州市学科带头人、常州市骨干教师、常州市职教能手。现任江苏省商业会计学会理事、江苏省职业教育会计研究会理事、江苏联合职业技术学院财务会计协作会课题组成员、常州市职业教育财经商贸类专业教科研中心组成员,是"国示范"国际商务专业建设、会计专业省级品牌专业建设、省级财会专业高水平示范性实训基地建设、会计专业群和校精品课程建设等项目的主要负责人,在省内会计专业领域具有较高知名度。未来,将创造条件积极培养专业群内各专业负责人。力争培养核心专业负责人在"十三五"期间职称晋升为教授,成为省高校"青蓝工程"培养对象、省职业教育名师工作室领衔人。

5. 实训基地运行

(1) 基础条件。

本专业群校内实训基地教学仪器设备总值 674.93 万元,本专业群在校学生数 826 人,生均设备值 8 171.07 元。本专业群 17 个专业实验实训室都建成数字化教学环境,均安装多媒体教学系统软件,实现信息点全覆盖,百兆带宽到桌面,共有计算机 700 余台,有与专业群教学配套的 Packet Tracer 等信息化实训资源平台。未来几年,学校将再投入 300 余万元新建和完善实验实训室,本专业群各类实验实训室将达到 30 余个,实验实训室建筑面积将达 3 000 余平方米,教学仪器设备总值将达 1 000 余万元,生均设备值将超 12 000 元。建设后期,将实现万兆进校,千兆到桌面,有线与无线相结合,实现信息点全覆盖,增加教学实训需要的信息化资源平台,实验实训功能将进一步完善。

(2) 运行管理。

学校设立了实训基地专门管理机构,配置 2 名实验实训室管理人员,融合企业管理理念,实训基地管理制度健全。学校利用校园网办公自动化系统平台实现实训计划安排等,利用资产管理系统实现实验实训资产管理。本专业群实验实训开出率达 100%,专业群各实验实训室平均利用课时为 822 课时/学年(包括技能大赛集训、第二渠道活动、社团活动、培训、晚间向住校生开放等)。本专业群内实验实训室共享率达 77% 以上。未来,将进一步完善实训基地管理制度,并进一步调整实训基地管理机构中部分人员的职责,完善实训基地信息化管理平台,增加实验实训即时信息推送子系统,在有关区域增加实验实训信息查询终端,方便师生查询实验实训信息。继续提高各实验实训室的利用率,特别是晚上向住校生开放。提高群内实验实训室的共享率,充分发挥共建共享作用。

6. 建设成效

(1) 办学规模。

本专业群核心专业从 2006 年起连续 14 年每年招生 40 人以上,专业群在籍学生达 826 人。学校每年承担专业群相关领域的社会培训(包括兄弟院校师资培训、社区培训、中小学劳动技术培训、会计专业技术资格证书、全国涉外会计岗位专业证书、中级会计信息化应用师培训等）达在籍学生数的100%。未来，将适度扩大专业群招生规模，在籍学生达850人左右。进一步扩大社会培训规模，争取社会效益和经济效益双丰收。

（2）培养质量。

本专业群毕业生85%以上取得会计专业技术初级资格证书，100%取得珠算技术等级（普四级）证书，89%以上取得计算机操作员（中级）职业资格证书，93%以上取得全国英语等级考试（三级）证书。毕业生语言表达能力、社会交往能力较强，受到用人单位好评。学校在每年的11月或12月与企业合作开展"国钧杯"技能节，本专业群学生人人参赛，层层选拔。近三年来，技能大赛成绩突出，获得会计、金融等项目国赛金牌6枚、省赛金牌12枚。毕业生就业质量高，起薪较高（2 300元以上）。毕业生就业满意度较高，就业率稳定在100%，对口就业率在80%以上，本地就业率在85%以上。开设"就业创业指导"课程，开展职业生涯规划活动。有本专业学生创业实践基地和创业项目，有毕业生成功创业典型。根据问卷调查结果，在校学生对本专业的满意度约达99%，用人单位对毕业生综合素质的满意度约达98%。未来，将根据国家对职业资格证书考核政策的调整情况，采取措施积极应对，进一步提升学生职业技能和职业素养。继续采取校企合作的方式每年举办"国钧杯"技能节，确保人人参赛。技能大赛成绩保持全省同类学校同类专业领先水平。拓展就业创业教育渠道，增加学生创业实践基地和创业项目的数量，增强学生"大众创业、万众创新"的意识和能力，提高毕业生就业质量。通过提高办学质量，提升学生对本专业的满意度；通过提高毕业生综合素质，提高用人单位对本专业毕业生的满意度。

（3）社会服务。

与校企合作单位进行项目共建服务、开展对外培训服务等取得较好的经济效益和社会效益，实际到账资金45万余元。学校近三年承担常州市职业学校"技能竞赛月"活动、江苏联合职业技术学院财会专业协作委员会信息化教学设计竞赛活动、常州市职业学校财经商贸类专业教科研中心组活动，交流"国示范"建设、省品牌专业建设、省高水平示范性实训基地建设等经验，发挥示范和引领作用。今后，将进一步加强校企合作，充分发挥会计专业群领域优势及价值，参与更多的企业技术项目研发与服务，进一步提高经济效益和社会效益，力求实际到账资金45万元以上。进一步发挥会计专业群先进的设施设备和优质师资等资源优势，承办常州地区乃至全省职业学校技能大赛、创新创业大赛、信息化教学大赛等，开展校企合作、校校合作，进一步发挥示范和引领作用。

7. 特色创新

采取"品牌专业+优质企业"紧密合作的方式，实现校企"双主体"培养，构建"双轮驱动，四阶递进"的会计人才培养模式。以"校内实训教学"模块为一轮驱动，设计"单项技能→应用实训→岗位实训→综合实训"由易到难的"四个阶梯"教学模块，让学生娴熟运用会计业务处理技能；以"企业创新实训"模块为另一轮驱动，设计"认识实习→企业调研→业务咨询→顶岗实习"逐层递进的能力培养"四个阶梯"，让学生学会处理多重复杂的会计业务。"优才培养工程"不断完善并逐步走向系列化、制度化和科学化。培养了一批技能优才，在国家、省技能大赛中成绩突出，在全省同类学校同类专业中名列前茅。未来将进一步推进"双轮驱动，四阶递进"的会计人才培养实践，全面提升学生职业技能和职业综合素养，培养受企业欢迎的复合型、发展型、创新型技术技能人才。

## 二、常州刘国钧高等职业技术学校现代化会计专业群实训基地建设例证

1. 基础建设

（1）理念思路。

2018年4月，会计专业群被评为江苏省五年制高职现代化专业群；2016年12月，财会实训基地被评为江苏省职业学校高水平示范性实训基地；2012年7月，会计专业被评为江苏省职业学校品牌专业。会计专业群实训基地在建设过程中本着为地方经济发展培养复合型、发展型、创新型技术技能人才的指导思想，根据《常州市国民经济和社会发展第十三个五年规划纲要》等文件精神，遵循职业教育改革与发展规

律，按照现代职教体系建设要求，坚持以立德树人为根本，以服务发展为宗旨，以促进就业为导向，以政府为主导、行业企业为支撑、学校为主体，高质量对接区域会计产业，对接会计领域职业岗位群，优化资源配置，与兄弟学校、企业、校内其他专业实现资源共建共享。在基地建设过程中，通过聘请企业专家、教学专家来校召开咨询会、论证会，系主任、教研室主任带队深入企业调研，参观考察兄弟学校先进的实训基地等方式，结合常州地区经济发展趋势和我校实际情况，制定专业建设和实训基地建设规划，体现规范化、集约化、信息化、国际化。在基地建设过程中，始终坚持为会计专业群服务，为产学研服务，为创新创业教育服务，发挥了区域技术技能人才培养中心、技能教学研究中心、技术创新推广中心和创业孵化中心功能。近年来，基地每年为近900名会计专业群学生进行实验实训提供服务，每年向地方输送近150名高素质技术技能型会计专门人才，承担江苏联合职业技术学院"基础会计"课程教学监测点等工作。

（2）设施设备。

会计专业群实训基地建筑面积2 398.23平方米，生均占地面积2.67平方米。实训基地设备总值932.71万元，每年均根据专业发展和市场需求更新换代设备，其中近两年新增的仪器设备为222.70万元，实训设备完好率为100%。基地布局合理，按照专业划分楼层和区域，每个实训室均配置有投影设备，既可以理论授课也可以实训操作，基础性实训相对集中，生产性实训主要结合"双元融合"的校企合作项目开展岗位实践性教学。部分实训按照现代企业生产服务场景布局，有机融合传统文化、企业文化。实训场所均采用实物、浮雕、墙面布展、文化卷帘及工作场景等方式，生动展现对应专业发展历程及岗位文化环境。实训场所符合相关建设标准，无安全隐患。会计专业群实训基地所有设备配置较高，充分满足基础性实训、生产性实习、中高职衔接试点项目和现代学徒制项目培养需要，满足技能教学研究、社会培训、技能鉴定、生产与技术服务和创业孵化项目需要。部分设备达到行业企业先进水平，满足产学研、技术创新需要。专业核心技能实训设备数量充足，满足教学需要。承办多次省、市级教学大赛和技能大赛。

（3）信息化建设。

实训基地内基本建成数字化教学环境，实现信息点全覆盖、千兆到桌面，网络安全、运行稳定；实训基地共有计算机796台，满足实习实训教学和管理需要。实训基地拥有2个数字化技能教室，具有相应的技能训练实物装备，共有支持技能训练的虚拟仿真软件9个（如会计实务智能考评系统、会计综合实习平台等）。建立了2个虚拟仿真实训室（如模拟沙盘经营实训室、模拟银行实训中心）。建立了1个数字化职业体验馆，能进行数字化信息浏览、实物展示与技能训练。成立了1个江苏联合职业技术学院课程教学质量监测点。重视数字化实习实训平台和技能教学资源库建设，通过自建、企业共建等形式进行校本数字化实习实训教学资源建设，目前建有实训平台共15个，配套的实训教材有《统计认知与技术》《证券投资实训》等6本。师生能够熟练应用信息化手段进行教与学。教师利用泛雅、金智等平台开展网络教学、学习实训，建设了8门校优秀网络课程。积极引导学生利用网络获取和应用数字化实习实训资源，实现任何时间、任何地点都能利用网络资源进行学习，改进技能学习和训练方法，提高技能训练效率。

（4）教学团队。

实训基地负责人具有本科学历、硕士学位，副教授职称，熟悉行业和本专业发展现状与趋势，经常性参加行业企业的相关活动，是一位"双师型"骨干教师。实训基地所服务专业的专任专业教师与在籍学生之比为1∶29。专任专业教师均具有相关专业本科以上学历，61%具有研究生学历或硕士以上学位；68%具有高级职称；87%具有与专业相关的高级工职业资格，97%具有与专业相关的技师以上职业资格、行业执业资格或非教师系列中级以上技术职务。每位教师每两年赴企业实践时间不少于2个月。依托实训基地建有2个省级名师工作室。聘请8名有实践经验的企业专家、工程技术人员、能工巧匠担任兼职教师。5名教师参与研制专业人才培养方案、课程标准、技能教学标准及中职学考考试大纲、考点建设标准、题库等。实训基地配有专兼职管理人员4名，其中专职管理人员占管理人员总数的25%。管理人员均具有本科学历、技师以上职业资格或非教师系列相关专业中级以上技术职称，累计有一年以上的企业实践经历，能做好实训基地常规管理、设施设备日常维保和简单维修，并辅助专业教师开展技能教学，专兼职管理员多次指导学生在各类技能大赛中获奖。

## 2. 运行管理

（1）管理机制。

多年来，学校在办学过程中始终坚持走校企融合之路，出台了《常州刘国钧高等职业技术学校校企合作管理办法》《常州刘国钧高等职业技术学校校企合作工作实施细则》等系列制度，规范了校企合作行为，提高了校企合作成效，企业7S管理理念渗透到人才培养的全过程，学校根据江苏联合职业技术学院《关于进一步加强分院二级管理的意见》（苏联院〔2011〕10号），结合学校管理特点，积极推行"条块结合、以块为主"的校、系二级管理体制，明确学校各个职能部门、系（部）的职责。经济管理系成立了教学管理团队、实训基地管理小组等教学管理专门机构，人员配置合理，职责分工明确。学校制定了《奖励性绩效工资考核分配方案》等制度，使考核、评价、奖惩更加合理科学。学校制定了《常州刘国钧高等职业技术学校教学管理制度汇编》《实训基地管理制度》等管理制度，包含了设施设备、耗材物资管理、实训师生劳保及安全操作规范、技能教学研究及产学研等方面。系部根据会计专业群实训基地的管理特点，制定了《实验实训室安全应急预案》等。

（2）教学运行。

根据人才培养方案，依据课程标准制订科学的教学计划，开发系列技能实训数字化教学资源。基地实验实训开出率100%，自开率100%，实验实训室学年平均利用率100%。对实训项目、教学设计、考核评价等教学文件全面实施数字化建设，实训项目全部形成数字化资源。在校园网上建有鹏达教学管理系统，在金智智慧校园系统中对各类教学文件、实训项目及相关资源、教学过程进行信息化管理。采用多元化评价方式，学生自评和互评、教师评价、家长评价、企业评价等在教育教学环节中广泛使用，引入麦可思公司作为第三方评价，建立了毕业生跟踪调查制度。在数字化教学平台上建立了测评子系统，及时了解学生学习状况，以便教师及时调整教学进程和内容，提升教学质量。在深入了解会计发展方向后，积极主动探索国际职业资格证书——美国注册管理会计师（CMA）考试，鼓励有条件的学生积极报考，现已有多名学生顺利通过了所有课程的考试。同时，也在推进CMA课程与现有课程的融合。

（3）生产运行。

为有效培养学生的专业技能，推进企业生产和学生实习实训的有效对接，学校与企业共同制订并实施"工学交替"方案。确定实训内容、岗位要求、工作要求，做到实习与工作对接；采取分批交替至单位实习的学习方式。企业为学生指定经验丰富的师傅，负责对学生进行指导、管理和评价。近三年，先后组织4个班级至江苏嗨购网络科技有限公司、常州华鼎会计服务有限公司、常州市仁通会计服务有限公司进行工学结合。另外，作为我校实训基地的常州市信力会计服务有限公司近两年来为学校师生提供生产性实习实训岗位，学生和教师真正接触真账实账，不仅提高了师生的会计核心能力，还创造了一定的效益。会计专业实习实训的产品，主要是通过提供会计服务，创造效益，工作所形成的会计产品主要有会计凭证、会计账簿和会计报表等。近两年，常州市信力会计服务有限公司总到账资金435 554.00元。其中，2018年公司全年盈利77 779.75元，截至2019年6月底公司共盈利86 047.20元。实训基地所有实验实训室都建成数字化教学环境，实现信息点全覆盖，实验实训过程实行信息化管理。

（4）科研运行。

依托实训基地开展技能教学理论和实践研究，近三年获国家级教学成果"二等奖"1项；省级教学成果"二等奖"1项；江苏联合职业技术学院教学成果"二等奖"1项。深化校企合作，积极申请和承担科研项目、课题研究、学生创业孵化项目。近三年，实训基地所服务的专业开发了5个技能教学项目，如周长明编写了"会计基本技能"教学资料，围绕技能教学、实训基地管理等方面的市级以上研究课题有8个，产学研、技术创新推广项目6个，这些研究运用到实践教学，锻炼并提高了学生实践操作技能。有6个以学生为主体、与专业相关的创业孵化项目，其中汤雅婷、李芷若、王蕴安的学生创业孵化项目取得了显著成效。学校积极支持基地的科研工作，科研经费能及时足额划拨且使用规范、透明。

3．服务成效

（1）人才培养。

会计专业群实训基地为五年制高职会计、金融管理、会计（财务信息管理方向）专业提供服务。近三年，实训基地所服务专业的毕业生共有418人，年平均人数为139人。在近三年的毕业生中，共有376人取得两个（含）中级以上证书，占比89.95%；411人取得珠算普四证，占比98.33%；379人取得会计专业技术初级资格证书或全国涉外会计岗位专业证书，占比90.67%。近三年，学生在技能大赛中成绩突出，参加"会计手工账务处理""会计电算化""珠算""ERP"等项目，共获省赛一等奖22次、二等奖10次、三等奖2次；学生参与的创业项目获第八届江苏省职业教育创新大赛高职组鼓励奖、第九届常州市高等教育和职业教育创新创业大赛三等奖；学生依托实训基地"创业街"建立创业孵化项目。近三年，实训基地学生参加全省中职学业水平考试合格率为100%，毕业生100%就业，各专业学生对口就业率达89.5%以上，就业质量高，开设"职业生涯规划""就业创业指导"等课程，毕业生就业创业典型多。近三年，毕业生中涌现出一批杰出校友和就业创业明星。

（2）教师发展。

近年来，教学团队成员科研成果丰硕，在省级以上期刊公开发表论文44篇。市级及以上在研、结题课题12项，9人主编、副主编或参编教材并被院校选择应用。近三年，8位教师参加常州市及江苏省各类大赛，获省级二等奖以上奖项13项，其中，省级技能大赛一等奖5项、二等奖6项；省级信息化课堂教学大赛和信息化教学设计大赛二等奖2项、三等奖2项。在近三年的省级技能大赛中，10余位教师指导学生获得省级二等奖以上奖项。教师指导学生创业孵化项目人数9人次，获1个省级二等奖，同时获得2项专利。

（3）社会服务。

近三年，实训基地利用优质师资和先进的实验实训设备积极为经开区非公企业党员职工进行培训；为江苏联合职业技术学院财务会计专业协作委员会成员学校及江苏省中职兄弟学校专业教师等提供专业培训；为常州市河海中学、兰陵中学、实验小学等中小学开展劳技培训；与常州市丽华中学合作开展校本课程培训；为社会人员提供会计英才技术技能培训；为常州大学会计学、金融等专业专接本学生提供专业培训；提供涉外会计、中级会计信息化应用师等技能培训服务。年培训人数远超实训基地所服务的专业群在校学生总数。实训基地还积极开展珠算、涉外会计鉴定等社会服务，年平均鉴定人数达305人次。近三年，实训基地先后承办了 2017 年、2018 年常州市职业学校"技能竞赛月"活动，以零差错高质量的大赛服务安排赢得了各方认可。作为江苏联合职业技术学院财务会计专业协作委员会成员，先后承办了专业教师信息化教学说课比赛及网络教学（学习）空间建设展示交流会议、江苏省网络营销实战技能大赛决赛，多次承办常州市职业学校财经商贸类专业教科研中心组活动。积极利用基地优质师资和实训设备，为常州市财会教育中心、江苏嗨购网络科技有限公司提供各项服务。通过承接各类大赛、技能培训、专接本培训、技术研发与服务、职业技能鉴定等，产生良好的经济效益，实际到账资金年均 36.23 万元。

4. 特色创新

（1）构建"双轮驱动，四阶递进"实训课程体系，打造技术技能人才培养中心。

为解决五年制高职会计专业实训课程重"核算"、轻"管理"，重"校内实训"、轻"企业实训"等问题，构建了会计专业"双轮驱动，四阶递进"实训课程体系并予以实施，提升了毕业生岗位适应度和企业满意度。成果经应用推广，育人效果显著。① 确立了"讲诚信，懂技术，会管理"会计人才培养目标。② 构建了"双轮驱动，四阶递进"会计实训课程体系。③ 形成了实训课程"做学教合一"教学模式。④ 建立了"形成性，立体化"能力考核评价机制。成立常州市信力会计服务有限公司，开展代理记账服务，打造专业技术技能人才培养中心。

（2）依托省级高水平示范性实训基地开展技能教学研究，提升人才培养质量。

围绕技能大赛与专业建设的互动关联，明确技能大赛背景下专业建设思路，形成与技能大赛协调配套的教育理念与做法，极大促进了会计专业人才培养水平的提高。主要有以下内容：构建"基本素质—职业能力—岗位应用"逐层递进的三位一体课程体系；以"项目导向，任务驱动"的思路，开辟职业教育课堂教学的新路径；以技能大赛项目课程内容为重点，开展课程和资源建设；以技能大赛核心技能为依据，积极创新技能教学方法；引入技能大赛的评价方式，创新课程考核多元的评价体系；建设技能实训基地，建成了江苏省职业学校财会专业高水平示范性实训基地。

（3）建设省级名师工作室，促进技术成果有效推广。

依托实训基地建设了省级会计名师工作室、省级"数字化课堂"研究工作室，围绕技术创新定期开展活动。近三年，实训基地积极进行技术研究，共进行了3项省级课题、6项市级课题研究，与企业合作开展4项横向课题研究，取得2项发明专利。同时，技术成果推广取得了丰硕的成果，在技能大赛中获得12个省级一等奖、6个省级二等奖、1个省级三等奖。近三年，实训基地共承担21个技术培训项目，培训2 800余人次，开展6次技能鉴定，参加人数达900余人次。近三年，实训基地共运行14个社会服务项目，年平均到账资金38.9万元。

（4）建立"金字塔"型创业教育模式，推进创业孵化中心探索创新。

充分利用各类资源，注重对有志创业的学生提供情感上的支持、手段上的扶持，不断推进创业孵化中心探索创新，初步形成了"金字塔"型的创业教育模式，分为"塔基""塔身""塔尖"三个层面。"塔基"层面，通过开展各类文化活动让学生了解自身的创业潜质；"塔身"层面，立足NFTE、GIYB等创业课程开展教学，培养学生创业意识；"塔尖"层面，依托创业优才进阶课程实行创业达人培养，助力毕业生社会创业。

## 成果 9

# 江苏省财会高水平示范性实训基地建设成效总结

## ——以常州刘国钧高等职业技术学校为例

## 一、基地概况

### 1. 理念思路

常州刘国钧高等职业技术学校财会实训基地坚持"整体规划、分步实施、不断完善、逐级提升"的思想,贯彻"以服务为宗旨、以能力为本位、以就业为导向"的职业教育理念,遵循现代职业教育实训基地建设要求,实现财经商贸类各大专业统筹兼顾,专业协调发展。

本实训基地在布局上分为"一厅、一楼、一街",即华夏楼大厅、财经综合楼和财富梦创业一条街,包括企业整体运营、专业文化和创业实践3个体验中心;会计、ERP、金融、商务、智慧学习5个实训中心;模拟经营沙盘、证券交易、市场营销、票据操作、跨境电商、国际商务等21个实训室。

### 2. 建设内容

根据江苏省教育厅、财政厅《关于进一步加强职业学校高水平示范性实训基地建设的通知》(苏教职〔2012〕34号)的文件精神,省市专项资金与学校统筹配套,为我校财会高水平示范性实训基地建设项目总共投入703万元,其中,用于基地硬件建设约623.58万元,占88.7%;用于软件建设约79.42万元,占11.3%;所有硬件设备需求均已提交常州市教育基本建设与装备管理中心,并实施设备的招标与采购。

财会实训基地的建设主要包括两个部分:一是对模拟经营沙盘实训室、银行业务操作实训室、证券交易实训室、跨境电商实训室、第二语言学习实训室、电子商务创业实践体验中心进行改扩建；二是新建企业运营整体解决方案体验中心、专业建设展示及商经文化体验中心、会计岗位实训室、会计手工账务实训室（2）、会计基本技能实训室（2）、金融营销实训室、金融票据操作实训室（技能大赛专用）、国际商务综合实训室、智慧学习实训室。本项目自立项后，学校进行了设备设施、实训软件、老实训室改造的调研，在结合教育教学需要的前提下，先后对常州市的多家会计师事务所、银行、证券公司等进行了实地考察，了解企业目前使用的设备设施及相关应用软件，在此基础上编制了实训基地建设综合规划表和基地建设方案，并进行了多次论证和修改完善，按照有关规定通过招标进行实训设备的采购。

3．建设过程

（1）整合企业、行业专家的资源。

本实训基地构建了"一厅、一楼、一街"架构，包括3个体验中心、5个实训中心、21个实训室，整个实训基地的框架、新实训基地建设方案、设备设施的种类和布局、老实训室改造、实训制度和考核，以及实训内容、设备设施操作等都有企业专家的指导和论证，保证实训基地和企业、行业的发展相一致，技能训练要求和行业标准相一致，学生在实训室可以感受到和在企业一样的工作场景，促进学生职业能力及职业素养的形成，达到"上岗即上手"的目标。

（2）科学高效的组织机构及保障措施。

① 规格高、责任明的领导及工作小组。成立了由校长任组长，基地所在系部主任、教务处、人事处及信息处等相关行政职能部门主要负责人任成员的项目建设领导小组；组建了由系主任任组长，教研室主任和专业骨干教师任组员的项目建设工作小组。

② 制度健全，管理规范。按照实训室、实践教学基地建设的各级相关规定，严格按照规划实施细则的要求，对实训室、实践教学基地建设项目实施分期、分阶段目标管理。完善包括财务制度等在内的各种规章制度，落实具体负责人员，规范管理和操作行为。

③ 建立专家评审制度。场地规划、设备设施数量及规格、实训室改造方案等方面，经过企业、行业专家的评估。先后组织了三次省级、市级、校级建设调研及评议会议，并按照有关评审严格执行。

④ 建立定期、分阶段审查制度。建设期间，校领导小组按照标准

详细检查建设资金投入落实情况和工程进度、质量，在此基础上组织有关专家对建设资金落实情况和合理使用情况进行检查、验收，有关专家提出指导意见和合理化建议。

（3）设施配置适度超前，设置理念先进。

从江苏省乃至全国范围来看，我校的财会实训基地设备先进，各实训室配置合理，形成"一厅、一楼、一街"架构，包括3个体验中心、5个实训中心、21个实训室，紧紧围绕专业人才培养方案进行教学与实训，具有实践性和教学前瞻性，并以实训实体化、理实一体化、工学结合三条主线贯穿整体，并且具备连续完善和升级能力。教学方面，实现从"模拟仿真"教学向"全真实景实体化"教学转化，在课程改革中发挥实训实体化功能，形成新的教学特色。工学结合方面，可以让学生不出校门，就学到今后工作中所要用到的相关知识，通过实景化实训实现与职业、企业的无缝对接。

（4）配备优质师资。

财会实训基地目前有专任专业教师55人，其中42人具有中高级以上职称，双师型教师达到41人，31人具有硕士研究生学历或学位；有具有中高级职称或丰富管理经验的兼职教师10人；配备实训基地管理人员21人（4个教研室主任对各个实训中心进行总负责，下设每个实训室1名专管人员，系部设1名实训基地软件、设备总负责人），负责实训基地日常管理和设备设施维护、运行情况记录和监测。实训基地人员配备合理，结构、层次符合基地发展的长远需要，能很好地满足当前和未来学生实验实训指导、设备设施维护、社会服务、技能鉴定等需要。

（5）设备设施配置合理，安装运行状况良好，服务功能强。

根据人才培养目标和教学计划要求，结合本行业的发展趋势、本领域企业、职业院校目前设备的使用情况，邀请国内知名的产品供货商进行现场"PK"，遵循"用户需求第一原则"，由企业人员、院校名师、校内骨干教师组成评委团进行背对背式评定打分，通过专业建设指导委员会论证，确定了设备设施购置原则和具体设备设施采购清单。

设备设施的采购都严格执行国家的相关制度和规定，在价格和质量适宜、运行稳定、维护方便的前提下实行招标采购，并在采购前进行调查研究和科学论证，以确保功能满足、数量够用、价格合理。

设备设施购置后，学校与供货企业、专业建设指导委员会成员一起及时进行了设备设施的安装调试,并请本地企业与本校教师进行试用,以便设备设施达到我们的设计要求和标准。

本实训基地为会计专业技术资格考试、会计人员继续教育及常州地区中小学生综合社会实践提供了优质的硬件资源(场地及设备设施)和软件资源(师资及专业知识资源库)。

学校共投入623万元用于采购财会实训基地设备及专业软件,已采购的硬件设备均按照采购合同的要求进行安装、调试和培训;目前,实训基地每天可以同时容纳近800人进行实训,与当初设计的能力相比,有一定提高;模拟经营沙盘实训室、银行业务操作实训室、证券交易实训室、跨境电商实训室、企业运营整体解决方案体验中心、专业建设展示及商经文化体验中心、会计岗位实训室、会计手工账务实训室、会计基本技能实训室、金融票据操作实训室(技能大赛专用)、国际商务综合实训室运行正常,普遍服务于实践教学、优才培养、社会培训、社团活动、筹办大赛及创新研发等,有效提高了实训基地运行效率。

### 4. 资金使用情况

财会实训基地总投资703万元。资金来源为:省专项资金200万元,市配套专项资金200万元,其他资金303万元。

(1)资金落实情况。

省专项资金数量、到位率和到位及时性。省财会实训基地建设专项资金200万元用款指标于2015年12月下达到学校,资金到位率为100%,该资金专用于财会实训设备和软件的购置。

市配套专项资金数量、到位率和到位及时性。按照上级文件的要求,2016年3月常州市财政下达配套专项经费200万元,专用于财会实训设备和软件的购置,资金到位率为100%。

学校自筹资金数量、到位率和到位及时性。学校自筹资金303万元,专用于学校财会实训室前期环境改造工程建设和部分设备的购置,资金到位率为100%。

(2)资金支出情况。

预算执行与预算批复完全一致,实际支出调整合理。对于预算中迫切需要采购的项目设备,系部向学校提出申请,按流程规范实施;对于预算外迫切需要紧急采购的项目设备(如技能大赛指定设备等),学校向教育局提出申请,并组织实施。

实际支出与财务管理制度和专项资金管理办法相符。财会实训基地专项资金的支出严格执行《省级职业教育实训基地建设专项资金管理办法》（苏财教〔2006〕19号）和《常州刘国钧高等职业技术学校高水平示范性实训基地建设经费管理实施细则》。资金的申请、下拨和支付由学校财务处负责，纳入财政国库统一支付系统和基本建设资金管理范畴，财务处除按事业单位会计制度要求进行收支核算和基本建设核算外，另按项目进行专账核算，确保资金的专款专用。

## 二、基地建设成效

1. 实施技能型紧缺人才培养的情况

近年来，学校充分利用财会高水平示范性实训基地建设的设备资源及师资优势，加大对本专业人才的培养。每年毕业生一次性就业率超过98%，毕业生供不应求，就业月平均工资达3 000元以上，满足了社会对财经类技能型紧缺人才的需求。基地与相关企业和机构合作承办职业技能鉴定，毕业生100%在不同的学习阶段分期分批取得财经商贸大类专业的中、高级职业资格证书。所有学生每年参加校"国钧杯"技能节比赛，优秀学生被选拔参加市赛、省赛，共获得江苏省技能大赛金牌17枚、银牌21枚、铜牌5枚，成绩优异。

2. 实施农村劳动力转移或城市新市民教育培训的情况

该基地中的ERP实训室、专业建设展示及商经文化体验中心、企业运营整体解决方案体验中心、电子商务创业实践体验中心向常州地区的实验小学、正衡中学等8所中小学进行综合社会实践课程开放，每年受教学生达600人次。

3. 实训设备利用率

除了满足正常实践教学外，财会实训基地多次为本校师生技能大赛的训练提供场地，同时组织了大量的社会培训，取得了良好的社会效益和经济效益。为了能真正做到产、学、研相结合，真正让学生在校园里就能学到必需的技能，真正做到和社会零距离接轨，经济管理系专业教师根据实训基地内设备设施情况，依据当前财会类相关行业、企业生产经营情况，编制了实训指导、案例、教学资源等，极大地提高了设备设施的利用率，充分发挥了实训基地的使用效果。

### 4. 对学校专业建设的作用

提升专业教师的整体素质及实践能力。财会实训基地在建设过程中促进了专业教师与行业、企业的接近、接触，使专业教师对当前财会类相关行业、企业的状况有了更加全面、深刻的认识。在设备设施采购及安装过程中，专业教师提升了实践技能和设备设施操作、维护等技能，提高了整体素质和实践创新能力。

为相关专业教学模式改革与创新提供参考。企业运营整体解决方案体验中心把企业搬进校园，充分发挥实体化功能，形成从仿真到真实操作的实践教学特色，实现学校与企业的无缝衔接。专业建设展示及商经文化体验中心为财经商贸类专业和全校各专业学生的社会经济认知提供了生动的学习环境与空间。智慧学习实训中心为各专业教师的信息化教学资源开发和信息化课堂实施提供了保障。

### 5. 开展校企合作情况及效果

会计专业是我校传统强势专业，2012年被评为省级五年制高职品牌专业。专业建设过程始终坚持与相关企业的深度交流与合作。在财会实训基地的规划设计、建设、验收、运行等过程中，企业全程参与和指导。目前，紧密合作企业已有10多家，合作企业专家定期来学校开展相关讲座与设备软件的操作培训，合作开发专业教学资源10余个，为实训基地的建设、运行贡献力量。

### 6. 科技创新情况及效果

近两年，依托财会实训基地，本专业完成教学科研课题4个，建成会计及相关专业网络课程27门、精品课程6门，开发专业课程教学视频8个，技能试题库11个，教学空间资源库11个，获江苏省技能大赛金牌17枚、银牌21枚、铜牌5枚。教学科研课题研究围绕专业人才培养、教育教学等方面展开，具体对本专业和本校教改、人才培养等进行了深入的探讨和总结。精品课程和校本教材紧密结合专业实训、教学改革，大大促进了专业人才培养质量，毕业生就业、技能大赛成绩都走在全省前列。

### 7. 生产经营情况及效果

财会实训基地依托校企合作单位常州华鼎会计服务有限公司对外开展代理记账业务，利用基地硬件、软件及师资条件为社会企业提供专业技能辅导及培训，依托财会实训基地中的模拟经营沙盘实训室、金融营销实训室、企业运营整体解决方案体验中心、专业建设展示及商经文化体验中心的资源，进行专业技能鉴定、职业资格培训、学历提升，同时为常州市8所中小学的学生提供综合社会实践指导，年经营产值近50万元，利润30余万元，获得了较好的经济效益和很好的社会效益。

### 8. 推进社会经济发展的效果和典型事例

常州市是一个处在经济快速增长的城市，吸引了来自全国各地的大量外来人口，但是其中很多人缺乏合适的技能或者是技能素质较低，我校财会实训基地急政府之所急，利用自己的设备设施和技能优势开展会计电算化、会计专业技术资格考试、会计人员继续教育、电子商务专员等培训，每年培训人数超过500人，为常州市从事财经相关工作的人群素质及技能的提高做出了巨大的贡献。同时，财会实训基地的先进性、适用性使我校财经商贸类专业毕业生广受企业的欢迎，近两年我校财经商贸类专业毕业生就业率都达到98%以上，为常州市财会及相关行业的发展提供了大量高素质、高技能人才。

## 三、创新性成果

作为财经类专业的学生，将来工作中的沟通对象是人，这与从事产品生产的行业有着本质区别。如何能发挥出实训室的最大功效，使我们的学生通过实训锻炼，能和将来的工作岗位进行无缝隙对接？我校专业教师经过一系列的设计使实训基地具有"真实而现代"的效果。

### 1. 实训基地跨界化

本实训基地以会计专业技能实践实训教学为主，设置了会计基本技能实训室、企业运行整体解决方案体验中心、会计岗位实训室、会计手工账务实训室，同时设置金融票据操作实训室、银行业务操作实训室、证券交易实训室、国际商务综合实训室，兼顾了金融、国际贸易实务、商务英语、电子商务等相关专业的实践实训需求，专业建设展示及商经文化体验中心、电子商务创业实践体验中心则为我校财经、机电、信息、汽车工程等专业学生的社会实践认识教学提供了优质资源，打破了传统实训基地的专业单一化现象。

### 2. 实训基地多元化

本实训基地在规划建设中，将企业实景元素、社会经济元素、学校管理元素、就业创业元素等进行了叠加整合，整个基地"有得看、有得说、有得动"。按照当前比较先进的行业、企业来配置设备设施，学生进入实训基地相当于进入企业，看到的是企业的布置和情景，感受到的是身在企业的工作氛围。按照正规企业的标准来设计工作流程、岗位任务，学生的实训过程是按照企业的工作业务安排和考核标准进行的。按照企业中的岗位分工来完成工作任务，学生的实训内容变成了在企业要求完成的业务。每一个步骤、每一项操作都按照国家和行业标准来要求学生，学生感受到的不是模拟操作，而是真实的工作场景，对于操作错误，学生感受到的不是教师的扣分，而是给企业造成的经济损失、给他人和自己造成的人身安全威胁。

3. 实训基地现代化

本实训基地现代化体现在三个方面：一是设计理念现代化，强调"综合规划、分步实施、逐级提升"，基地建设不固化，为升级留下余地和空间；二是实训教学资源现代化，组织专业教师参加专业课程建设与开发的培训，有与各场地相适应的实训场地介绍、实训教学微课程，教学空间内容丰富；三是基地运行管理现代化，通过现场监控设备、智能手机等装备，管理人员可以远程进行场地安排、现场调度等操作，从而保证基地运行管理高效。

# 成果 10

# 常州刘国钧高等职业技术学校
# 会计专业群设置调研报告

## 一、调研背景

### （一）专业基本情况

1994年9月，经江苏省教委批准，常州刘国钧高等职业技术学校正式开办"财会"普通中专班。1995年，9301班成为常州市第一个珠算"能手班"。同年7月，金融实训楼——中国银行常州分行龙游分理处正式开张营业。同年9月，学校与南京气象学院联办的"涉外会计"专业成人大专班正式开学。2003年，学校财会专业被评为常州市示范专业。2004年，学校财经办喜获"巾帼文明示范岗"。同年，学校财会专业被评为省示范专业。2008年10月，江苏省第二十八届珠算技术比赛在盐城市举行，由学校选手组成的常州市珠算代表队，获得团体一等奖，学校荣获伯乐一等奖，周长明老师获教练一等奖，这是常州市参赛以来的历史最好成绩，取得了历史性的突破。2009年4月29日，学校财经管理系被中华全国总工会授予"工人先锋号"光荣称号。2012年，学校会计专业被评为江苏省五年制高职品牌专业，后又被评为江苏省财会高水平示范性实训基地。2012年，学校新设金融专业，两年后就在全国中职金融专业技能大赛中斩获团体一等奖，谢芸菲同学获银行柜台业务处理项目一等奖、张莹同学获银行柜台业务处理项目二等奖，杨溢笛同学获单据录入项目一等奖，李冰钰同学获点钞项目三等奖，糜德萍、李继梅、王利娜3位老师获优秀指导老师奖，这也是我校金融专业第一次走上专业技能大赛的领奖台。历经20余年的建设，会计专业不仅成为学校的老牌专业，更是学校的招牌专业，为地区培养了一批批优秀的财经人才。

会计专业发展已经处于较高水平，需要寻找新的发展方式和途径，使专业建设能够稳定、高效、可持续发展。

## （二）社会背景

各行各业的企事业单位不论规模大小都需要会计人员，所以整个社会每年对会计类人才的需求总量是比较大的，为了满足社会需求，各类职业院校基本都开设了会计专业。随着我国大专院校财务会计专业群人才培养人数的不断增多和企事业单位对会计人员学历要求的逐步提高，整个社会对职业院校会计专业毕业生的需求量和为其提供的会计岗位开始发生变化。目前，职业院校对会计专业课程设置和要求与社会发展有一定的脱节，很多学校财务会计专业群教学标准和课程标准与企业对财务会计专业群人才的需求方向不是很匹配。本次调研的重要任务之一就是要调查企业对财务会计专业群人才的需求情况、财务会计专业群设置情况及人才培养情况，在此基础上开发出常州刘国钧高等职业技术学校会计专业群教学标准（包括课程标准），据此培养符合社会实际需要和学生实际能力状况的会计专业群人才。

通过这次调研，进一步了解用人单位对高职会计专业群人才能力的需求，从而根据市场需求来确定我校五年制高职会计专业群教学改革的内容，合理设计群课程体系，为社会培养有用的会计人才、进一步提升会计专业群学生的就业数量和质量打下坚实基础。

## 二、调研安排

### （一）人员安排

① 分管校领导、系主任，会计、金融2个教研室主任，部分骨干教师。

② 调研企业人力资源部门的负责人。

③ 会计专业的毕业生（金融专业与财务信息管理方向还没有毕业的学生）。

### （二）调研单位

① 厦门网中网软件有限公司。

② 常州华鼎会计服务有限公司。

③ 南京司书软件系统有限公司。

④ 常州融达会计技能研发服务有限公司。

⑤ 常州君海软件有限公司。

⑥ 常州公证企业管理咨询有限公司。
⑦ 常州市金浩财务代理有限公司。
⑧ 常州中南会计记账有限公司。
⑨ 常州永多电子科技有限公司。
⑩ 常州亿泉商务信息咨询服务有限公司。
⑪ 常州聚荣制药有限公司。
⑫ 中国工商银行常州分行。

### （三）调研方法
① 深入走访企业。
② 邀请企业人员来校召开专业建设咨询会议。
③ 问卷调查。
④ 网络信息收集分析。

## 三、调研分析

### （一）基本情况分析

本次调研共发放调查问卷 100 份，回收 87 份，其中有效问卷 84 份，有效回收率为 84%。统计分析结果显示：

① 被调查者的年龄集中在 20~40 岁，职称以中级居多，学历以本科、专科为主，工作年限在 5 年以下的占 25%，5~10 年的占 42.8%，11~20 年的占 22.6%，20 年以上的占 9.6%，如图 2-10-1 所示。由此可知，被调查者的工作年限以 5~10 年居多，这些被调查者工作经验比较丰富，阅历较深，思想较成熟，能够通过实际工作的感受来反映当前的问卷调查问题，从而保证了问卷调查的质量。

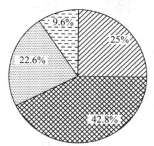

图 2-10-1　被调查者工作年限分布图

② 用人单位性质以民营企业居多，人员规模在 50 人以下的占 95.24%，50~100 人的占 3.57%，100 人以上的占 1.19%，如图 2-10-2 所示，这与政府大力扶持中小企业发展、鼓励创业有关。

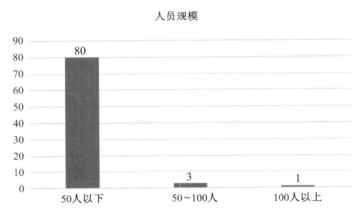

图 2-10-2　用人单位人员规模分布图

③ 用人单位会计机构的设置情况如下：用人单位独立设置会计机构的约占 26.19%，在有关机构中配备专职会计人员并指定会计主管人员的约占 41.67%，委托代理记账的约占 16.67%，其他的约占 15.47%，如图 2-10-3 所示。

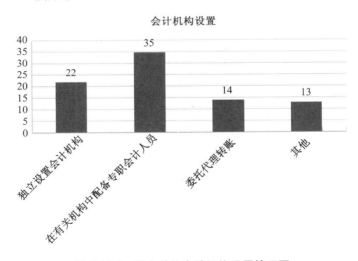

图 2-10-3　用人单位会计机构设置情况图

通过对基本信息的了解，可以看出调查问卷的可信度较高，样本信息能够较好地反映出我们所需的信息。

### (二) 五年制高职会计专业群市场需求信息分析

1. 学历需求情况分析

通过对样本数据的分析发现，中小企业对会计专业群毕业生的学历层次要求分布大致为：中专约占 27.38%，大专（含 5 年制高职）约占 46.43%，本科约占 23.81%，研究生及以上约占 2.38%。这说明了中小企业人才要求趋于务实，不再一味地追求高学历，在学历上首选是大专（含 5 年制高职），但是对于本科学历人才的需求为 23.81%，较往年略有上升，这与目前的产业结构调整使人才培养需求变化相关。在与企业被调查者的访谈中了解到，与学历相比，企业在招聘财会人员时更为看重应聘者的工作经验，学历不再是唯一的准绳，职校生虽然在学历上低于本科生，但由于职校生在学校学习期间注重实战技能的演练，动手操作能力较强，还是受到用人单位的普遍欢迎与认可的。在学校的学习中，学校通过校企合作企业，为学生提供更多的实践机会，职校大专生拥有更多的实习机会，这也让职校生具有了更多的工作经验，所以现在很多用人单位越来越青睐拥有一技之长且工作比较踏实的会计专业高职毕业生。

2. 适合五年制高职会计专业群毕业生的职位

从调查中发现，用人单位以往的招聘途径按照优先顺序排序大致为：网络招聘、人才交流会、校园招聘会、订单式培养、猎头公司、熟人介绍等。根据调查数据可以发现，用人单位认为适合五年制高职会计专业应届毕业生就业的职位按照被选次数由多到少排序如下：会计核算员、出纳或收银员、代理记账中介机构、业务员、部门助理、ERP 录入员、仓库管理员、营业员、统计员、内部审计员、财务管理员、银行柜员等。由此可见，用人单位认为五年制高职会计专业应届毕业生适合的岗位以会计核算居多，出纳或收银次之，这些岗位都与会计专业群岗位设置密切相关。

### (三) 对高职会计专业群人才的素质、能力与技能要求的分析

1. 用人单位招聘时比较看重的因素

本次调查问卷根据实际情况拟定了九个用人单位招聘时可能比较看

重的因素，借鉴李克特量表的方法，根据九个因素的重要性分值分别设置了五级："非常重要（5分）""重要（4分）""一般（3分）""不重要（2分）""非常不重要（1分）"，通过用人单位的选择，可以计算出如表2-10-1所示的数据。由表2-10-1可知，用人单位招聘时比较看重的因素的排名为：职业素质、会计专业技术初级资格证书、专业技能水平、社会实践经历、学习成绩、计算机水平、统计从业资格证书、外语水平、其他职业资格证书。由此可以看出，在用人单位招聘比较看重的因素中，职业素质是最重要的一项。另外，用人单位比较看重的证书是会计专业技术初级资格证书，因为会计专业技术初级资格证书是用人单位对会计人员的最低要求，也是我校要求学生在毕业踏入社会之前必须考取的证件之一，与我校的教学要求基本吻合。

表2-10-1　用人单位招聘比较看重的因素量表

| 被选次数 | 非常重要（5） | 重要（4） | 一般（3） | 不重要（2） | 非常不重要（1） | 所得总分 |
|---|---|---|---|---|---|---|
| 职业素质 | 68 | 16 | 0 | 0 | 0 | 404 |
| 学习成绩 | 35 | 28 | 15 | 6 | 0 | 344 |
| 专业技能水平 | 56 | 24 | 3 | 1 | 0 | 387 |
| 会计专业技术初级资格证书 | 60 | 18 | 5 | 1 | 0 | 389 |
| 统计从业资格证书 | 15 | 22 | 33 | 10 | 4 | 286 |
| 其他职业资格证书 | 12 | 21 | 12 | 34 | 5 | 253 |
| 社会实践经历 | 46 | 33 | 5 | 0 | 0 | 377 |
| 外语水平 | 13 | 23 | 29 | 15 | 4 | 278 |
| 计算机水平 | 18 | 34 | 22 | 10 | 0 | 312 |

将职业素质细分为八个选项：敬业爱岗、沟通协作、吃苦耐劳、学习能力、执行能力、创新进取、主动意识、管理能力，从表2-10-2可以看出，敬业爱岗、沟通协作是用人单位最看重的职业因素，二者占28.83%；另外，吃苦耐劳和学习能力也是用人单位比较看重的职业因素，占27.15%；执行能力占12.80%；创新进取占11.96%；主动意识占10.14%；管理能力占9.12%。

表 2-10-2　会计专业群人才应具备的职业素质量表

| 被选次数 | 非常重要（5） | 重要（4） | 一般（3） | 不重要（2） | 非常不重要（1） | 所得分数 |
| --- | --- | --- | --- | --- | --- | --- |
| 敬业爱岗 | 84 | 0 | 0 | 0 | 0 | 420 |
| 沟通协作 | 69 | 12 | 3 | 0 | 0 | 402 |
| 吃苦耐劳 | 55 | 26 | 3 | 0 | 0 | 388 |
| 学习能力 | 60 | 15 | 8 | 1 | 0 | 386 |
| 执行能力 | 45 | 23 | 16 | 0 | 0 | 365 |
| 创新进取 | 31 | 32 | 16 | 5 | 0 | 341 |
| 主动意识 | 15 | 23 | 33 | 10 | 3 | 289 |
| 管理能力 | 13 | 20 | 18 | 28 | 5 | 260 |

无论是什么工作，用人单位的首要要求必然是敬业爱岗，敬业爱岗是职业素质的基本要求。对于会计工作更是如此，由于会计工作是一项非常细致的工作，日常的会计处理单调、烦琐，长期下来，人的意志容易消沉，干劲容易松懈。会计人员只有具备高度的责任感和强烈的事业心，热爱会计工作，安心本职岗位，才能克服日常工作所带来的消极心理，保持良好、积极的心态，处理好每一笔经济业务。因此，敬业爱岗成为用人单位对会计人才的首要要求。沟通协作是用人单位看重的第二因素。随着经济的发展，人们工作的复杂程度逐渐提高，人与人之间的沟通协作变得尤为重要，沟通协作能力强的人往往工作效率也高，做起事来往往能起到事半功倍的效果。吃苦耐劳是用人单位看重的第三因素，吃苦耐劳是一个人尤其是青年人所应具备的基本的优良品质之一。从现实生活来看，大凡在单位里受到领导重视、得到同事尊重、在事业上有大发展的，莫不是那些在工作中吃苦耐劳、踏踏实实、兢兢业业的实干者、苦干者。在与一些用人单位的访谈中发现，用人单位在招录新人时表达了这样一个共同的观点：我们并不只是要招聘一个有高学历的人，更需要那些工作上能吃苦、愿意从小事做起的真正的优秀人才。

学习能力、执行能力、创新进取、主动意识也是用人单位看重的因素。现代社会是知识经济时代，知识更新换代的速度非常快。与会计相关的专业知识在不断地发展，政策法规在不断地变化，新的经济业务也在不断地出现。会计人员必须在工作中不断学习最新的专业知识和相关的政策法规，完善自己的知识结构，掌握现代的分析方法和思维方式，更新自身的思想观念，才能适应现代社会的要求。由于会计高职毕业生一开始从事的工作大都是基础工作，所以执行能力显得尤为重要；创新进取、主动意识可以使人不断保持工作热情，不断提高工作效率。

## 2. 用人单位看重的高职会计专业群的专业技能

因为不同层次的会计人才所从事的具体工作不同、职能不同，相应要具备的能力和技能也是不同的。对于会计人才应具备的能力和技能，本调研偏重于对高职会计专业的专业技能的调查。根据每项技能被选择的次数及其分值来决定其重要程度，调查结果如表2-10-3所示。根据调查反馈的数据将用人单位看重的高职会计专业的专业技能按照降序进行排序依次为：会计账务处理、会计软件操作与维护、业务日常统计、成本核算、税收计算与申报、内部审计、防伪税控操作与使用。形成该排序结果的原因在于初级会计人才的职能定位：初级会计人才应该是优秀而熟练的信息搜集者、加工者、提供者，他们的岗位主要是会计核算、办理税务事项和一般的出纳工作。有的被调查者认为初级会计人才还应该掌握会计电算化软件及办公软件的基本操作技能，如Excel等的操作技能。在经济管理信息化的趋势下，计算机现已广泛应用到财会系统的账务处理、分析等方面，大大提高了广大会计人员的工作效率，同时也避免了许多差错，其优越性不言而喻，因此，会计人员必须适应经济管理信息化的需要，掌握办公自动化软件和会计软件的基本操作技能。

表2-10-3 用人单位看重的会计人员的专业技能

| 被选次数 | 非常重要（5） | 重要（4） | 一般（3） | 不重要（2） | 非常不重要（1） | 所得分数 |
|---|---|---|---|---|---|---|
| 会计账务处理 | 69 | 15 | 0 | 0 | 0 | 405 |
| 税收计算与申报 | 20 | 23 | 28 | 13 | 0 | 302 |
| 会计软件操作与维护 | 47 | 32 | 5 | 0 | 0 | 378 |
| 业务日常统计 | 33 | 26 | 20 | 5 | 0 | 339 |
| 防伪税控操作与使用 | 13 | 23 | 26 | 17 | 5 | 274 |
| 成本核算 | 22 | 36 | 18 | 8 | 0 | 324 |
| 内部审计 | 23 | 15 | 34 | 9 | 3 | 298 |

## （四）重要的专业群课程分析

对于用人单位看重的专业课程这个问题，本调研也是根据每门课程被选择的次数及等级分数来决定其重要程度，采用李克特 5 级量表，调查结果如表 2-10-4 所示。"基础会计"等在会计工作中应用广泛的课程得分都居于前列，而在会计工作中作用不明显，与会计工作联系较弱的"商务工作礼仪"课程得分则排在最后。因此，根据调查数据反馈得出，可以适当压缩"商务工作礼仪"课程，只要求学生对其一般了解。用人单位认为比较重要的会计实训课程为："会计沙盘实训""会计应用技术项目实训""会计岗位综合实训""会计岗位项目实训"，这反映出用人单位对高职会计专业群毕业生实践能力的重视。

对于高职会计专业群毕业生的实践能力的要求，经过调查得知，用人单位一直认为高职会计专业群的学生到企业实习很重要，这表明会计教育既要注重会计理论知识的传授，又要加强操作技能的培养与指导。而且有 85% 的被调查者认为校内的模拟实习或实训固然很重要，但并不能代替企业实习。

表 2-10-4　高职会计专业群课程重要性量表

| 被选次数 | 非常重要（5） | 重要（4） | 一般（3） | 不重要（2） | 非常不重要（1） | 所得分数 |
| --- | --- | --- | --- | --- | --- | --- |
| 会计基本技能 | 71 | 12 | 1 | 0 | 0 | 406 |
| 基础会计 | 66 | 12 | 6 | 0 | 0 | 396 |
| 财经法规与职业道德 | 60 | 16 | 8 | 0 | 0 | 388 |
| 企业财务会计实务 | 79 | 5 | 0 | 0 | 0 | 415 |
| 成本会计实务 | 62 | 17 | 5 | 0 | 0 | 393 |
| 初级会计电算化 | 68 | 14 | 2 | 0 | 0 | 402 |
| 常见财务软件应用 | 55 | 19 | 10 | 0 | 0 | 381 |
| 纳税申报与会计处理 | 56 | 25 | 3 | 0 | 0 | 389 |
| 财务报表分析实务 | 50 | 23 | 10 | 1 | 0 | 374 |
| 财务管理实务 | 48 | 23 | 13 | 0 | 0 | 371 |
| 审计认知与技术 | 35 | 32 | 14 | 3 | 0 | 351 |
| 经济学认知 | 13 | 20 | 37 | 11 | 3 | 281 |
| 财政与金融基础认知 | 17 | 19 | 17 | 28 | 3 | 271 |

续表

| 被选次数 | 非常重要(5) | 重要(4) | 一般(3) | 不重要(2) | 非常不重要(1) | 所得分数 |
|---|---|---|---|---|---|---|
| 企业经营管理认知 | 35 | 27 | 12 | 10 | 0 | 339 |
| 经济法 | 41 | 37 | 6 | 0 | 0 | 371 |
| 统计认知与技术 | 49 | 22 | 8 | 4 | 1 | 366 |
| 商务工作礼仪 | 10 | 21 | 46 | 6 | 1 | 285 |
| 企业经营流程项目实训 | 38 | 27 | 12 | 5 | 2 | 346 |
| 会计应用技术项目实训 | 66 | 15 | 3 | 0 | 0 | 399 |
| 会计岗位项目实训 | 62 | 18 | 4 | 0 | 0 | 394 |
| ERP项目实训 | 23 | 28 | 22 | 11 | 0 | 315 |
| 会计岗位综合实训 | 64 | 18 | 2 | 0 | 0 | 398 |
| 会计沙盘实训 | 71 | 8 | 5 | 0 | 0 | 402 |
| 金融法 | 53 | 29 | 2 | 0 | 0 | 387 |
| 商业银行经营管理 | 65 | 19 | 0 | 0 | 0 | 401 |
| 国际金融 | 52 | 24 | 8 | 0 | 0 | 380 |
| 货币银行学 | 67 | 17 | 0 | 0 | 0 | 403 |
| 公司理财 | 56 | 21 | 7 | 0 | 0 | 385 |
| 证券基础 | 66 | 18 | 0 | 0 | 0 | 402 |
| 证券市场基础知识 | 65 | 19 | 0 | 0 | 0 | 401 |
| 保险概论 | 51 | 12 | 13 | 8 | 0 | 358 |

## 五、调研结论

### （一）人才培养模式的思路

**1. 改革教学内容和教学方法，重视能力的培养**

通过对上述调查资料的分析可知，用人单位不仅要求会计人才具有扎实的理论基础，同时也要求其具备较好的综合能力和素质。会计专业群教学一直以"理实一体化"教学为目标，但在实际教学中仍存在重"知识传授"、轻"能力培养"的状况，为了培养和提高学生的能力，建议采取以下改革措施：第一，充分利用网中网教学平台，在理论教学中穿插实践项目,将理论与实践更紧密地结合在一起。任课教师在教学中应针对不同的课程适当增加与工作实践联系性强的内容,同时针对实际工作中可能面临的一些现实问题,让学生在模拟的工作环境下进行处理,并评价其处理方法的效果。第二,大力推进案例教学。首先,要正确认识案例。案例不应该是针对某个知识点的简单的计算练习,而应该是与教学内容相关,具有实用性、典型性、综合性、理论性的实例。在设计案例时应尽可能增加学生思考的容量,突出启发性,使学生在理解专业知识理论和规律的同时,逐步形成积极学习的态度。其次,在案例教学中要充分发挥学生的主观能动性,倡导学生积极参与。这种参与不能仅仅局限于课堂的分析讨论,必须要拓展到课外,让学生自己去查阅资料、寻找答案,培养学生自学的能力。最后,案例教学的形式要多样。可以采取学生发言、教师点评的形式,通过对案例的分析、讨论使学生初步了解解决问题的过程和方法,进而掌握解决问题的思路,提高学生分析问题、解决问题的综合能力,锻炼学生的胆量和口头表达能力。在此过程中,还可以将学生分组和分角色,培养组员之间的团队合作及组与组之间、角色与角色之间的沟通协调等实践工作中所必需的能力。有时还可以要求学生提交分析报告,以培养学生的书面表达能力。另外,邀请企业专家作为实践指导教师,能够使学生更直接了解会计行业的现状及最前沿的动态,使在校教育与市场需求更好的接轨,这也不失为一种较好的教学方法。

### 2. "平台课+专业课"人才培养模式的构建与实施

将"校企合作、工学结合、顶岗实习"人才培养模式与五年制高职会计专业群建设相结合,对校本化、专业化、特色化、可操作化进行深入探索与实践。从研究五年制高职教育基本规律与会计职业发展规律入手,把握五年制高职教育与会计教育的吻合度和五年制高职会计专业群的社会适应度,逐步总结、提炼五年制高职会计专业群的特色和优势。反复探索、不断实践、总结理念,在与合作企业的共同努力下,逐步构建五年制高职会计专业群特有的人才培养模式。"平台课+专业课"人才培养模式是将会计专业群基础课程、核心课程设为平台课程,学生在完成平台课程的基础上,再完成专业课程的学习。这样增强了学生今后就业的可能性,为学生今后就业提供更为广阔的途径。

## （二）群专业设置

我校会计类专业群将在现有会计类专业群的基础上，建成由会计、金融、会计（财务信息管理方向）三个专业构成，群内两个相关专业与核心会计专业优势互补，专业间合作与共享并形成合力的群发展格局。

## （三）课程改革等方面的工作

### 1. 优化专业群理论课程的设置

教学上要不遗余力地继续推进专业课程改革，构建以能力为本位、以会计实践活动为主线、以学习者为中心的会计专业课程体系，推进课堂理实一体化教学。

会计是一门专业性很强的学科，扎实的基本功是衡量会计人才是否合格的最基本指标，也是学生迈向就业市场和增强职业竞争力的本质所在。调查结果表明，市场对不同层次会计人才应具备的能力和技能提出了不同的要求，而不同层次的院校培养的是不同岗位的会计人才，因此，高职院校应该根据会计专业群培养目标及市场对不同层次会计人才的需求来设置会计专业群的课程体系。会计专业群培养的是适应生产、建设、管理、服务第一线需要的、具有一定职业发展潜力的技术应用型复合人才，定位是业务操作型初级会计人才，那么，就应该遵循理论够用的原则来设置专业理论课程，使学生具备会计从业所需的基本职业技能及从事会计岗位的相应知识。同时，要继续开设会计职业道德教育的课程，使学生在毕业前就养成良好的职业道德习惯，这将在一定程度上缓解会计核算失实、会计造假等现象的发生。

在专业建设和办学过程中，要根据当地经济发展特点与企业特点，结合社会对会计人才的需求，积极寻求校企合作，为企业培养合格的会计专业群人才，形成产教结合的人才培养机制。在课程设置方面，可根据地区实际需求不断进行调整和完善。因此，我们把高职人才培养方案的重点定位于以现代服务业为重心的课程设置。

在教学组织过程中，充分考虑学生的认知水平和技能兴趣，并结合会计领域对人才需求的特点和变化，实行以能力为本位的教学模式，并根据会计人才市场的需求适时调整方案。在组织教学过程中，既要有务实的思想，又要有战略的眼光，建立"以能力培养为导向"的专业教学体系。

## 2. 加强实践性教学，构建起全方位的实践课程体系

会计专业群内的各专业技术性和实践性都非常强，专业实践课程培养学生的实践能力，在实践中让学生熟悉工作的实际操作程序和可能产生的问题，使学生在走上工作岗位后能够迅速融入实际工作岗位，提高学生就业竞争力。专业实践不仅能增加学生对会计、金融工作的感性认识，而且还可以提高学生学习的兴趣和积极性。因此，实践课程的设置和教学在整个会计专业群的教育中应该占据重要的地位。全方位的实践课程体系包括校内实训和校外实习。校内实训可以让学生得到系统、全面的训练，而校外实习则可以让学生接触到实际工作状况，感受真实的工作环境。针对目前会计专业群教育中普遍存在的重"理论"、轻"实践"的现象，加强实践性教学，提高学生的实践能力是非常必要的。尤其对于要求技能实用的高职会计教育，更应该加大实践教学在教学计划中的比重。第一，完善校内实训内容，灵活安排校内实训时间。对于校内实训，分为以下几个部分：① 打造理实一体化的课程教学。在各课程教学中就要穿插实践内容，授课时能与实践相结合的内容尽可能以实践方式进行呈现，在课后作业的布置方面也要考虑到实践内容。② 各专业主干课程开设相应的实训周，包括"基础会计实务""财务会计""成本会计""财务管理""税务会计""证券基础"等课程。通过实训周，完成具有一定容量的实训，提高学生的实践动手能力与分析合作能力。③ 开设实训类课程。实训类课程开设时，需要考虑学生已获得的知识与技能，根据学生的实际情况与教学安排，在合适的时间开始合适的实训类课程。实训类课程开设时还需要注意内容的选择，避免实训内容的重复，即每门实训课程应该有其实训的侧重点，如"会计基本核算技术"课程主要训练学生填制与审核原始凭证、编制记账凭证、登记各类账簿与编制财务会计报表的能力，分项训练，各个击破；"会计岗位实训"课程，注重的是每个会计核算岗位业务核算能力的训练，包括岗位核算所涉及的原始凭证、业务处理、账簿登记；"会计综合实训"课程着眼点是训练学生对综合业务的处理，以一个企业一个月的所有业务为例，训练学生对企业综合业务处理的能力。第二，将校外实习落到实处。校外实习分为两部分：① 工学交替。每年安排高年级学生进行为期1周的工学交替，不仅仅是为了提高学生的实践能力，更重要的是为学生营造一个完全真实的工作环境与氛围，让学生初步感受到工作是什

么，自己该怎么做。②顶岗实习。学生完全踏入社会，进入单位，在相应岗位上投入工作。对于校外实习，学校、系部都须妥善安排，实习前联系实习单位，明确实习内容，做好时间与人员的安排，实习期间实行导师制，由学校与单位共同派导师指导学生实习，实习结束后学生提交实习单位鉴定表和实习报告。工学交替，导师全程跟进；顶岗实习，导师定期巡视，指导帮助学生解决实际问题，协助学生更好地实习。

会计专业群各专业全力打造的全方位实训体系构建思路如表2-10-5、表2-10-6、表2-10-7所示。

（1）会计专业全方位实训体系。

表2-10-5　会计专业全方位实训体系

| | | | |
|---|---|---|---|
| 会计专业全方位实训体系 | 校内实训 | 理实一体化的教学课程 | 基础会计实务、财务会计实务、成本会计实务、财务管理实务、初级会计电算化、审计认知与技术、统计认知与技术、报表分析等 |
| | | 实训周 | 第2学期：会计应用技术实训（基础会计实训）<br>第4学期：会计应用技术实训（财务会计实训）<br>第5学期：ERP实训<br>第6学期：会计岗位项目实训（成本核算岗位实训）<br>第7学期：财务预决算实训（财务管理实训）<br>第8学期：会计电算化实训<br>第9学期：会计综合项目实训 |
| | | 实训课程 | 第5学期：会计基本核算技术<br>第6学期：会计岗位实训（上）<br>第7学期：会计岗位实训（下）<br>第8学期：会计综合实训 |
| | 校外实习 | 工学交替 | 第5学期或第7学期 |
| | | 顶岗实习 | 第10学期 |

（2）会计专业（财务信息管理方向）全方位实训体系。

表 2-10-6  会计专业（财务信息管理方向）全方位实训体系

| | | | |
|---|---|---|---|
| 会计专业（财务信息管理）方向全方位实训体系 | 校内实训 | 理实一体化的教学课程 | 基础会计实务、财务会计实务、成本会计实务、财务管理实务、初级会计电算化、审计认知与技术、统计认知与技术、报表分析等 |
| | | 实训周 | 第 2 学期：会计应用技术实训（基础会计实训）<br>第 4 学期：会计应用技术实训（财务会计实训）<br>第 5 学期：ERP 实训<br>第 6 学期：会计岗位项目实训（成本核算岗位实训）<br>第 7 学期：财务预决算实训（财务管理实训）<br>第 8 学期：会计电算化实训（中级）<br>第 9 学期：会计综合项目实训（会计电算化高级） |
| | | 实训课程 | 第 5 学期：会计基本核算技术<br>第 6 学期：会计岗位实训（上）<br>第 7 学期：会计岗位实训（下）<br>第 8 学期：会计综合实训（会计电算化中级） |
| | 校外实习 | 工学交替 | 第 5 学期或第 7 学期 |
| | | 顶岗实习 | 第 10 学期 |

（3）金融专业全方位实训体系。

图 2-10-7  金融专业全方位实训体系

| | | | |
|---|---|---|---|
| 金融专业全方位实训体系 | 校内实训 | 理实一体化的教学课程 | 基础会计实务、财务会计实务、财务管理实务、初级会计电算化、统计认知与技术、商务工作礼仪、保险概论等 |
| | | 实训周 | 第 2 学期：会计应用技术实训（基础会计实训）<br>第 4 学期：证券投资模拟（股票交易）<br>第 5 学期：ERP 实训<br>第 6 学期：银行柜面综合业务（对私业务）<br>第 7 学期：银行柜面综合业务（对公业务）<br>第 8 学期：银行柜面综合业务（综合业务） |
| | | 实训课程 | 第 5 学期：证券投资技术<br>第 6 学期：保险实战 |
| | 校外实习 | 工学交替 | 第 5 学期或第 7 学期 |
| | | 顶岗实习 | 第 10 学期 |

通过对人才全方位的打造，逐步使学生掌握专业基本技能、专业岗位基础能力、专业岗位核心能力、专业岗位综合能力，把学生从一个"小白"逐步培养成一个会计职业人，使其完全具备从事相关岗位所必需的综合素养，从而顺利实现就业。

## 成果 11

# 五年制高职会计专业实施性人才培养方案（修订稿）

## 一、专业名称与代码

专业名称：会计
专业代码：620203

## 二、入学要求与基本学制

入学要求：应届初中毕业生
基本学制：五年一贯制
办学层次：普通专科

## 三、培养目标

本专业培养与我国社会主义现代化建设要求相适应，德、智、体、美全面发展，具备良好的职业道德和职业素养，具有会计综合职业能力，在中小企业及非营利组织单位会计及财务管理岗位一线工作的发展型、复合型、创新型的技术技能型人才。

## 四、职业（岗位）面向、职业资格及继续学习专业

### （一）职业（岗位）面向

本专业培养的学生面向以下岗位就业。

1. 主要就业岗位

中小企业财务会计岗位：出纳、核算、记账、主管会计、资金管

理、仓库核算等；中小企业财务管理及财务分析岗位；中小企业内部审计岗位；会计师事务所、评估师事务所、税务师事务所、会计咨询服务公司审计助理工作人员岗位。

2. 其他就业岗位

中小企业收银、仓库保管、物流管理、经济信息收集、财经文秘、统计、工商管理等岗位。

（二）职业资格

① 本专业学生毕业时应取得会计专业技术初级资格证书（财政部门颁发）。

② 鼓励学生取得与专业相关的技术等级证书或职业资格证书、执业资格证书。

（三）继续学习专业

本专业学生专科毕业后可通过专转本、专升本等途径，继续升入本科会计学、财务管理、审计学等专业学习。

## 五、综合素质及职业能力

（一）本专业所培养的学生应具备以下综合素质

1. 思想道德素质

① 热爱祖国，拥护党的基本路线，懂得中国特色社会主义理论体系的基本原理，具有爱国主义、集体主义精神和良好的思想品德。

② 有正确的人生观、价值观；有较高的道德修养，文明礼貌、遵纪守法、诚实守信。

③ 有高度的责任感，有严谨、认真、细致的工作作风，具有团队精神和合作意识，具有一定的工作协调能力和组织管理能力。

④ 遵守会计职业道德，敬业爱岗、熟悉法律、依法办事、客观公正、搞好服务、保守秘密；坚持诚信为本、操守为重，坚持准则、不做假账。

2. 科学文化素质

① 理解国家有关的法律法规，具有社会活动需要的科学文化基本理论、基础知识和基本技能。

② 具有高等职业教育所必备的文化知识、政治理论知识、社会科学知识等；具备较高的语言水平和熟练的计算机操作能力。

3. 专业素质

① 认知会计、财务、理财等基本理论知识，熟悉会计岗位所需的会计法规、会计准则、会计制度的基本知识，掌握会计工作所需的专业计算技能、统计基础知识、计算机技术及财会软件运用知识。

② 认知我国经济法律及金融、财政、税收等基础知识，理解财务通则、财务制度、审计准则、审计制度的基本知识。

③ 能进行流畅的口头表达，能撰写常见财经应用文和一般信函，会日常及专业常用英语的听、说、读、写，会财经情报资料检索，会阅读理解财经制度文件。

④ 对会计专业所需的专业计算技能工具、财会软件的熟练运用。

⑤ 对国家财政经济政策和制度的分析理解；对国际通行的财经惯例的了解和初步运用。

4. 身心素质

有健康的体魄，有良好的心理素质，有吃苦耐劳、甘于奉献的精神；具有健康向上的生活态度。

## （二）职业能力（表2-11-1）

表2-11-1　会计专业相关岗位职业能力要求表

| 工作岗位 | 工作任务 | 需要具备的主要职业能力 |
| --- | --- | --- |
| 出纳会计 | 1. 执行费用开支标准，复核原始报销单据，报销，收付现金、加盖现金收付章及私章<br>2. 执行现金管理制度，管理保险柜<br>3. 保管、签发现金支票<br>4. 登记库存现金日记账，做到日清月结<br>5. 督促借款人员及时报账，清理未达账项<br>6. 各项经济数据的保密 | 1. 会手工及机器点钞、真假币鉴别，具备会计数字书写、珠算加减法的基本技能<br>2. 能填制与审核原始凭证、编制与审核记账凭证、登记与审核日记账，能进行银行对账并编制银行存款余额调节表<br>3. 能正确使用保险柜，会计算机基本操作，熟练把握"现金收讫""现金付讫"和"营业专用印章"的使用和认证、现金支票及转账支票的领用及签发、一式多联票据的书写、账簿的启用及结转<br>4. 能进行会计凭证的装订<br>5. 能对增值税专用发票进行申购、管理 |

续表

| 工作岗位 | 工作任务 | 需要具备的主要职业能力 |
|---|---|---|
| 薪酬核算会计 | 1. 职工薪酬的发放<br>2. 职工薪酬的总分类核算<br>3. 职工薪酬的明细分类核算 | 能把握国家、企业职工薪酬的政策和薪酬的构成内容及发放标准,能准确编制结转职工薪酬计算表,熟悉薪酬发放的业务程序 |
| 往来结算会计 | 1. 客户档案管理<br>2. 应收账款账龄分析<br>3. 往来核对<br>4. 呆账催收<br>5. 登记应收账款、应收票据、其他应收款、应付账款、预收账款、其他应付款等 | 1. 根据销售客户档案建立客户财务信息档案,编制应收账款账龄分析报告,对客户的风险程度进行评估和判断<br>2. 根据应收账款明细账余额,定期编制应收账款余额核对表,并将该表函寄客户或上门拜访进行核对 |
| 材料核算会计 | 1. 协作制定材料目录及编码<br>2. 参与制定材料消耗定额<br>3. 审查汇编材料采购用款计划<br>4. 进行材料明细分类核算<br>5. 进行材料清查及账务处理 | 能按程序进行材料收发业务操作,填制材料收发凭证,登记材料总分类账和明细分类账 |
| 财产物资会计 | 1. 固定资产计价<br>2. 计提固定资产折旧<br>3. 会同有关部门建立固定资产卡片,保证账卡相符<br>4. 协助有关部门确定固定资产更新改造及添置设备<br>5. 参与固定资产投资项目的审定,负责筹集资金<br>6. 控制固定资产修理费用<br>7. 参与固定资产清查、盘点,配合办理固定资产投资、转让、盘亏、报废等手续<br>8. 负责固定资产的会计核算工作 | 能建立固定资产明细分类账和卡片,会固定资产增加和减少的会计业务处理,会编制固定资产盘点损溢表 |
| 成本核算会计 | 1. 计算产品生产成本,控制各项费用支出<br>2. 生产费用的分配核算<br>3. 产品成本的核算 | 能依据各项费用的原始凭证进行会计处理,登记成本明细分类账,编制成本计算表 |

续表

| 工作岗位 | 工作任务 | 需要具备的主要职业能力 |
|---|---|---|
| 损益会计 | 1. 收入业务的核算<br>2. 营业成本及期间费用的核算<br>3. 利润总额、所得税费用、净利润、利润分配的账务核算 | 能进行单位收入、费用、利润的确认和计量，会登记各类明细分类账，会计算各类税费并进行网上纳税申报 |
| 总账会计 | 1. 认真审核公司本部各类财务凭证，做到会计基础工作规范<br>2. 各项往来账务每月进行排队清查，发现问题及时处理<br>3. 组织本公司的财务人员搞好会计核算工作<br>4. 定期对财务报表进行分析<br>5. 接受社会各职能部门对本公司财务的监督检查<br>6. 做好信息的保密工作 | 能对会计凭证、账簿、报表进行稽核，能编制小中的会计报表，能正确解读和分析常用财务信息 |
| 资金管理 | 1. 负责办理银行贷款、还款及调汇业务<br>2. 负责管理企业大笔拆借款的账务处理，并负责催收本息<br>3. 负责催收、清理银行拨付的各项往来账款，对长期欠账户要查明原因，及时采取措施<br>4. 按月认真核查所管账户发生金额的正确性，发现问题及时予以解决<br>5. 加强对固定资产和流动资金的日常管理，及时掌握流动资金的使用和周转情况，定期向部门主管汇报工作情况 | 能运用中小企业资金管理的常用方法，会办理融资和票据贴现业务；会对企业资金运行情况进行专业性分析，能形成资金管理需要的常用性财务指标 |
| 财务管理与分析 | 1. 负责企业资金的预测、决策工作，对日常经营活动所需资金用预算进行控制，节约资金成本<br>2. 正确分配收入与利润，及时掌握国家的各种分配政策，处理好各种财务关系<br>3. 运用正确的财务分析方法对主要财务指标进行分析，发现财务管理各环节中存在的问题，及时采取相应措施，提高资金使用效益 | 能编制财务预算，拥有对主要财务指标进行分析、总结评价的能力 |

续表

| 工作岗位 | 工作任务 | 需要具备的主要职业能力 |
|---|---|---|
| 仓库保管与核算 | 1. 认真验收，入库登账<br>2. 根据物资类别、型号、规格实行分库管理<br>3. 严格执行物资的收发制度，设有审批手续或手续不全不出库<br>4. 库存物资做到账、卡、物、资金四相符<br>5. 做好库存物资的保管保养工作，以使物资达到规定标准<br>6. 加强库房安全管理<br>7. 及时反映库存物资的动态信息<br>8. 管理好仓库，确保安全生产 | 能根据物资类别、型号、规格实行分库管理，严格执行物资的收发制度，设有审批手续或手续不全不出库，库存物资做到账、卡、物、资金四相符，做好库存物资的保管保养工作，以使物资达到规定标准 |

## 六、教学时间按周分配表（表2-11-2）

表2-11-2　会计专业教学时间分配表

| 学期 | 学期周数 | 理论教学 | | 实践教学 | | | | | | 入学教育与军训 | 劳动/机动周 |
|---|---|---|---|---|---|---|---|---|---|---|---|
| | | 授课周数 | 考试周数 | 技能训练 | | 课程设计大型作业毕业设计 | | 企业见习顶岗实习 | | | |
| | | | | 内容 | 周数 | 内容 | 周数 | 内容 | 周数 | 周数 | |
| 一 | 20 | 17 | 1 | 会计环境认知实训 | 6课时 | | | | | 1 | 1 |
| 二 | 20 | 16 | 1 | 社会实践<br>会计应用技术实训 | 1<br>1 | | | | | | 1 |
| 三 | 20 | 17 | 1 | 社会实践 | 1 | | | | | | |
| 四 | 20 | 17 | 1 | 会计应用技术实训 | 1 | | | | | | |
| 五 | 20 | 17 | 1 | 企业经营认知与流程项目实训(ERP) | 1 | | | | | | 1 |
| 六 | 20 | 17 | 1 | 会计岗位项目实训 | 1 | | | | | | 1 |
| 七 | 20 | 17 | 1 | 会计岗位项目实训 | 1 | | | | | | 1 |

续表

| 学期 | 学期周数 | 理论教学 | | 实践教学 | | | | | | 入学教育与军训 | 劳动/机动周 |
| --- | --- | --- | --- | --- | --- | --- | --- | --- | --- | --- | --- |
| | | 授课周数 | 考试周数 | 技能训练 | | 课程设计大型作业毕业设计 | | 企业见习顶岗实习 | | | |
| | | | | 内容 | 周数 | 内容 | 周数 | 内容 | 周数 | 周数 | |
| 八 | 20 | 18 | 1 | | | | | | | | 1 |
| 九 | 20 | 12 | 1 | 财务预决算实训/财会软件应用/电算化会计核算实施与维护 | 1 1 | 毕业设计 | 4 | | | | 1 |
| 十 | 20 | 0 | 0 | | | | | 顶岗实习 | 18 | | 2 |
| 合计 | 200 | 148 | 9 | | 9 | | 4 | | 18 | 1 | 11 |

## 七、教学时间安排表（表2-11-5）

## 八、主要专业课程教学内容和要求（表2-11-3）

表2-11-3 会计专业主要专业课程教学内容和要求

| 序号 | 课程 | 主要教学内容及要求 | 教学实施建议 |
| --- | --- | --- | --- |
| 1 | 基础会计（170学时） | 主要教学内容：项目一 会计职业；项目二 会计核算基础；项目三 会计基本业务核算实务；项目四 财务会计报告；项目五 会计工作基本规范<br>基本教学要求：认知会计职业岗位的背景、特点和要求，产生对会计职业的兴趣；能正确应用会计的基本规范，能说出会计的基本术语；能正确判断经济业务性质和内容，能准确按照会计的专门方法做会计业务处理；能根据案例资料建账、记账、算账、更改错账，能具备中小企业记账员岗位的基本能力 | 1. 使用江苏联合职业技术学院开发、苏州大学出版社出版的教材《基础会计》<br>2. 与会计专业技术初级资格考核相结合组织教学 |

续表

| 序号 | 课程 | 主要教学内容及要求 | 教学实施建议 |
|---|---|---|---|
| 2 | 会计基本技能（136学时） | 主要教学内容：项目一 会计数字与文字的书写；项目二 会计计算；项目三 点钞与验钞；项目四 计算器和计算机数字小键盘录入；项目五 电子收款机的操作<br>基本教学要求：掌握珠算技能、会计书写技能、会计计算技能、点钞与验钞技能、计算器和计算机录入技能、电子收款机操作技能等 | 1. 使用江苏联合职业技术学院开发、苏州大学出版社出版的教材《会计基本技能实训》<br>2. 参照职业学校财会专业技能大赛相关方案实施教学和评价 |
| 3 | 经济学认知（68学时） | 主要教学内容：项目一 经济、市场经济、市场运行机制；项目二 商品与货币；项目三 微观经济学认知；项目四 国民收入与分配；项目五 市场失灵与政府行为<br>基本教学要求：认知经济领域的基本术语、基本理论和经济领域的常见现象，培育经济学思维模式，具备基本经济学知识和理论基础，养成良好的思维习惯 | 1. 使用江苏联合职业技术学院开发、苏州大学出版社出版的教材《经济学认知》<br>2. 以经济现象、案例分析为载体，让学生在"讲、读、研、用、练"的过程中提高对经济知识的应用技能 |
| 4 | 财政与金融基础（68学时） | 主要教学内容：项目一 财政基础知识认知；项目二 税收基础知识解读；项目三 金融基础知识解读；项目四 财政政策与货币政策解读<br>基本教学要求：认知财政、金融相关知识，培养学生对财政、金融政策的理解能力，将专业知识与当前财政、金融政策及一般财政、金融现象相融合，训练学生学习财经专业能力、资料查阅能力及综合分析能力 | 1. 以案例教学为主，采用理实一体化教学模式，充分运用多媒体等教学手段<br>2. 采取任务评价、项目评价和目标评价相结合、知识考核和能力考核相结合、平时考核和综合考核相结合的考评方式 |

续表

| 序号 | 课程 | 主要教学内容及要求 | 教学实施建议 |
|---|---|---|---|
| 5 | 企业财务会计实务（204学时） | 主要教学内容：项目一　财务会计的认知；项目二　资产要素的确认与计量；项目三　负债要素的确认与计量；项目四　所有者权益的确认与计量；项目五　收入、费用、利润的确认与计量；项目六　财务报告认知与编制；项目七　特殊业务准则认知<br>基本教学要求：能识记企业日常会计实务中涉及的会计基础理论知识，具有熟练按照《企业会计准则》进行企业日常会计实务处理的能力，能较为熟练地对企业一般会计交易和事项进行会计核算，能较为熟练地编制会计报告，使学生基本具备原始凭证的归类整理能力、核算流程的把握能力和职业判断力，初步具有初级会计应具有的会计确认、计量和报告水平 | 1. 使用江苏联合职业技术学院开发、苏州大学出版社出版的教材《企业财务会计实务》<br>2. 根据《企业会计准则》优选教学内容<br>3. 与会计专业技术初级资格考核相结合组织教学 |
| 6 | 统计认知与技术（68学时） | 主要教学内容：项目一　统计观念的建立；项目二　统计调查技术；项目三　统计整理技术；项目四　统计描述技术；项目五　静态分析技术；项目六　动态分析技术；项目七　统计指数分析技术；项目八　统计分析报告技术<br>基本教学要求：使学生具备统计工作过程的基础知识和基本技能，能解决简单的实际分析问题；使学生能较好地掌握统计数据的收集、整理、分析与解释等统计方法，熟悉在相应财经管理工作中运用统计方法对经济现象进行问题分析时所必需的统计技能，使其具备在工作实践中解决统计应用方面问题的基本能力 | 使用江苏联合职业技术学院开发、苏州大学出版社出版的教材《统计认知与技术》 |

续表

| 序号 | 课程 | 主要教学内容及要求 | 教学实施建议 |
|---|---|---|---|
| 7 | 财务报表分析实务（68学时） | 主要教学内容：项目一 认知财务报表分析；项目二 短期偿债能力分析；项目三 长期偿债能力分析；项目四 营运能力分析；项目五 获利能力分析；项目六 发展能力分析；项目七 现金流量分析；项目八 财务报表附注分析<br>基本教学要求：引领学生针对上市公司的财务数据，从认知财务报表开始到进行单项分析，再到综合分析的学习，加深学生对财务报表的理解，使学生掌握运用财务报表分析和评价企业经营成果和财务状况的方法，从而基本具备通过财务报表评价企业过去和预测企业未来的能力，以及帮助利益关系集团改善决策的能力 | 1. 使用江苏联合职业技术学院开发、苏州大学出版社出版的教材《财务报表分析实务》<br>2. 通过具有时代特征的财务案例导入，让学生领会财务报表分析的方法和技巧 |
| 8 | 成本会计实务（68学时） | 主要教学内容：项目一 单一产品成本的核算；项目二 单一产品跨月完工成本的核算；项目三 生产两种以上产品成本的核算；项目四 认知品种法、分批法、分步法；项目五 成本报表信息与分析<br>基本教学要求：把握成本会计的基本知识、基本理论、基本技能，认知单一产品成本的核算，认知生产两种以上产品成本的核算，掌握品种法下成本计算的过程，掌握简化的分批法的应用；认知各成本计算方法的各自特点和适用范围，为不同方法在企业的正确应用奠定基础，认知工业企业成本报表 | 1. 使用江苏联合职业技术学院开发、苏州大学出版社出版的教材《成本会计实务》<br>2. 以案例教学为主，采用理实一体化教学模式，充分运用多媒体等教学手段 |
| 9 | 常见财务软件应用（68学时） | 主要教学内容：认知和运用财政部门批准的、企业常用的各类财务、会计软件系统<br>基本教学要求：能把握财政部批准使用的各种财务、会计软件的运用，熟悉目前企业常用的软件系统，能熟练操作使用财会软件 | 通过上机操作、项目教学和案例分析相结合的方式组织教学 |

续表

| 序号 | 课程 | 主要教学内容及要求 | 教学实施建议 |
|---|---|---|---|
| 10 | 纳税申报与会计处理（68学时） | 主要教学内容：项目一　企业纳税认知；项目二　增值税申报与会计处理；项目三　消费税申报与会计处理；项目四　企业所得税申报与会计处理；项目五　个人所得税申报与会计处理；项目六　其他税种申报与会计处理<br>基本教学要求：我国税制体系的认知、把握各税种的基本知识；能根据资料准确计算应纳税额；具备报税的基本技能；能对企业发生的各类税费的计算、缴纳、汇算清缴进行会计确认和计量 | 1. 使用江苏联合职业技术学院开发、苏州大学出版社出版的教材《纳税申报与会计处理实务》<br>2. 通过配置纳税申报软件系统组织教学，讲练结合 |
| 11 | 会计应用技术实训（56学时） | 主要实训内容：实训一　账簿体系设置；原始凭证的填制与审核、记账凭证的填制与审核；记账、算账、报账、用账的实训。实训二　会计实务综合实训<br>基本实训要求：能熟练地对企业会计基本常见经济业务进行手工账务处理，能具备会计实务操作的综合技能 | 1. 使用江苏联合职业技术学院开发、苏州大学出版社出版的教材《会计应用技术实训》<br>2. 结合"企业财务会计实务"课程进度训练<br>3. 结合职业学校财会专业技能大赛标准进行模拟实训评价 |
| 12 | 会计岗位项目实训（28学时） | 主要实训内容：收银岗位实训、出纳岗位实训、核算岗位实训、主管会计岗位实训、车间核算岗位实训、仓库保管岗位实训、统计岗位实训等<br>基本实训要求：能熟练地对企业各会计岗位基本常见经济业务进行手工账务处理，能具备各会计岗位要求的实务操作的综合技能和工作基本能力 | 1. 使用江苏联合职业技术学院开发、苏州大学出版社出版的教材《会计岗位综合实训》<br>2. 结合跟岗训练的要求进行模拟实训 |

续表

| 序号 | 课程 | 主要教学内容及要求 | 教学实施建议 |
|---|---|---|---|
| 13 | 企业经营认知与流程项目实训（ERP）（28学时） | 主要实训内容：ERP 软件系统和仿真沙盘的运用实训<br>基本实训要求：能熟练运用 ERP 软件与进行沙盘操作，认知企业经营流程，熟悉企业经济业务原始凭证产生过程 | 配备 ERP 软件系统和仿真教学沙盘 |
| 14 | 电算化会计核算实施与维护（28学时） | 主要教学内容：导出财务软件中生成的财务数据到 Excel 中进行加工处理；Excel 中的图表制作；财会软件和电脑使用中掌握一般的系统设置、维护方法；打印机的安装与设置、系统的优化、磁盘的整理、软硬件的管理<br>基本教学要求：掌握财政部批准的常用一般财务、会计软件的操作规程、基本环节、数据管理等，对会计电算化的日常核算实施、财务数据的加工处理、计算机使用的基本维护有一个系统的认识和掌握 | 1. 配备相应财务、会计软件和硬件系统<br>2. 结合职业学校财会专业技能大赛电算化项目竞赛标准进行实训成效评价 |

## 九、专业教师任职资格

### （一）教学团队要求

① 本专业的专任专业教师配备的师生比不超过 1∶30。

② 专业负责人应具有副高及以上教师职务，取得会计师或与所任学科相关的专业技术职务或执业资格证书。

③ 兼职教师占专业教师的比例在 10%~30%。

### （二）专任专业教师应具备下列任职资格

① 取得教师职业资格证；

② 具有财经类、商贸类专业本科及以上学历；

③ 具有良好的思想政治素质和职业道德，具备认真履行教师岗位职责的能力和水平，遵守教师职业道德规范；

④ 在企事业单位工作 2 年以上或到企业或生产服务一线实践累计 6

个月以上,取得会计师或与所任学科相关的专业技术职务或执业资格证书。

**(三) 本专业兼职教师应具备以下任职资格**

① 在企业、行业、专业团体的财经岗位工作,有丰富的财经类专业技术和工作经验,具有会计师等中级及以上专业技术职务或财务管理职务;

② 具有一定的专业教学经历和教学水平;

③ 具有较高的思想政治水平和责任心,热爱学生;

④ 有保证完成兼课任务所必需的时间。

## 十、实训实验条件

**(一) 本专业校内实训、实习基地**

主要由会计岗位模拟实训中心、货币与票据陈列中心、会计工具与技术展示中心、会计资料陈列中心、会计文化展示中心、报税模拟实训中心、会计电算化实训中心、模拟银行实训中心、ERP实训中心、商务技能实训中心、审计实务实训中心等组成。

**(二) 本专业核心设备和实训资料**

主要包括会计电算化实训中心的计算机设备及财务软件;模拟银行专用设备及相关软件;点钞机、验钞机、POS机等;具有系统的、先进的、完整的专业技能仿真训练资料体系(票据、凭证、账册、印鉴等)。

**(三) 本专业主要实训场所功能及配置要求(表 2-11-4)**

表 2-11-4　会计专业主要实训场所功能及配备要求

| 实训场所名称 | 主要功能 | 主要设施与资源 | 配置建议 |
| --- | --- | --- | --- |
| 货币与票据陈列中心 | 认识和学习货币发展;真伪货币识别、点钞训练。票据识别、鉴赏;票据会计处理等 | 计算机、投影仪;货币、票据样式;票据文化展示;点钞机、验钞机;货币发展史、真假币鉴别软件资源 | 能满足40人左右同时训练和教学要求的场所和设备配置 |

续表

| 实训场所名称 | 主要功能 | 主要设施与资源 | 配置建议 |
|---|---|---|---|
| 会计电算化实训中心 | 财政部批准的财务、会计软件的教学与操作实训 | 计算机、投影仪、网络设备;金蝶、用友等财政部批准的财会软件系统 | 1. 能满足40人左右同时训练和教学要求<br>2. 按照本专业在校班级的3:1配置实训场所 |
| 模拟企业经营实训中心 | 会计环境、企业经营岗位认知、企业经营管理、会计核算流程等教学与操作实训 | 计算机、投影仪、网络设备;ERP软件系统;ERP模拟沙盘系统等 | 能满足40人左右同时训练和教学要求的场所和设备配置 |
| 报税模拟实训中心 | 纳税申报流程和工作任务的教学与实训 | 计算机、投影仪、网络设备;国家税务总局批准的纳税申报软件系统或模拟教学软件系统等 | 1. 能满足40人左右同时训练和教学要求<br>2. 按照本专业在校班级的3:1配置实训场所 |
| 模拟银行实训中心 | 银行出纳各项业务流程的教学与实训 | 计算机、投影仪、网络设备;模拟实景布置;银行业务软件系统或模拟教学软件系统等 | 能满足40人左右同时训练和教学要求的场所和设备配置 |

## 十一、编制说明

① 本专业人才培养方案主要根据下列有关文件制订:

a.《省政府办公厅转发省教育厅关于进一步提高职业教育教学质量意见的通知》(苏政办发〔2012〕194号);

b.《省教育厅关于制定中等职业教育和五年制高等职业教育人才培养方案的指导意见》(苏教职〔2012〕36号)。

② 本方案在《江苏省五年制高等职业教育会计专业指导性人才培养方案》的基础上,根据常州地方经济发展特点及行业企业对会计专业

人才的具体要求进行相应调整。

③ 本方案的总学时为 4 988 学时，其中，公共基础课为 1 814 学时，占 36.4%；专业平台课为 1 502 学时，占 30.1%；专业模块课为 260 学时，占 5.2%；专业技能项目实训课为 202 学时，占 4.0%；顶岗实习为 540 学时，占 10.8%；任选课为 500 学时，占 10.0%；其他类教育活动为 170 学时，占 3.5%。

④ 本方案总学分为 293 学分，其中，课程教学按照每课时 1 学分计算；专业实训项目课程（实训周）每周计 28 学时，每周计 2 学分；顶岗实习安排在第 10 学期进行，共 18 周，每周计 30 学时，每周计 1.5 学分。社会实践、军训、入学教育、毕业设计等教学活动按照 1 周 1 学分计算。

表 2-11-5　五年制高职会计专业教学时间安排表

| 类别 | 序号 | 课程名称 | 学时 | 学分 | 一 | 二 | 三 | 四 | 五 | 六 | 七 | 八 | 九 | 十 | 考试 | 考查 |
|---|---|---|---|---|---|---|---|---|---|---|---|---|---|---|---|---|
| | | | | | 18 | 18 | 18 | 18 | 18 | 18 | 18 | 18 | 18 | 18 | | |
| 公共基础课 德育课 必修 | 1 | 职业生涯规划 | 34 | 2 | 2 | | | | | | | | | | √ | |
| | 2 | 职业道德与法律 | 32 | 2 | | 2 | | | | | | | | | √ | |
| | 3 | 经济政治与社会 | 34 | 2 | | | 2 | | | | | | | | √ | |
| | 4 | 哲学与人生 | 34 | 2 | | | | 2 | | | | | | | √ | |
| | 5 | 毛泽东思想与中国特色社会主义理论体系概论 | 68 | 4 | | | | | 2 | 2 | | | | | √ | |
| | 6 | 创业与就业教育 | 36 | 2 | | | | | | | 2 | | | | √ | |
| 限选 | 7 | 心理健康 | 34 | 2 | | | | | | | | 2 | | | | √ |
| 文化课 必修 | 1 | 语文 | 370 | 22 | 4 | 4 | 4 | 4 | 2 | 2 | 2 | | | | √ | |
| | 2 | 英语 | 336 | 20 | 4 | 4 | 4 | 4 | 2 | 2 | | | | | √ | |
| | 3 | 数学 | 336 | 20 | 4 | 4 | 4 | 2 | 2 | 2 | 2 | | | | √ | |
| | 4 | 体育与健康 | 296 | 18 | 2 | 2 | 2 | 2 | 2 | 2 | 2 | 2 | 2 | | | √ |
| | 5 | 计算机应用基础 | 66 | 4 | | | | | 2 | | | 2 | | | √ | |
| 限选 | 6 | 艺术（音乐） | 34 | 2 | | | 4 | | | | | | | | | √ |
| | 7 | 历史、经济地理 | 104 | 6 | | | | 4 | | | | | | | | √ |
| | | 公共基础课小计 | 1814 | 108 | 18 | 18 | 20 | 16 | 12 | 10 | 6 | 6 | 2 | 2 | | |

225

续表

| 类别 | 序号 | 课程名称 | 学时 | 学分 | 一 | 二 | 三 | 四 | 五 | 六 | 七 | 八 | 九 | 十 | 考试 | 考查 |
|---|---|---|---|---|---|---|---|---|---|---|---|---|---|---|---|---|
| | | | | | 18 | 18 | 18 | 18 | 18 | 18 | 18 | 18 | 18 | 18 | | |
| 专业平台课 | 1 | 财政与金融基础认知 | 34 | 2 | | | | | | 2 | | | | | ✓ | |
| | 2 | 经济学认知 | 68 | 4 | | | | | | 4 | | | | | ✓ | |
| | 3 | 会计基本技能（珠算、点钞、票据、数录、汉录） | 166 | 10 | 4 | 4 | 2 | | | | | | | | ✓ | |
| | 4 | 基础会计 | 198 | 12 | 6 | 6 | | | | | | | | | ✓ | |
| | 4 | 会计基础 | 34 | | | | | | 2 | | | | | | ✓ | |
| 专业技能课 | 5 | 财经法规 | 170 | 18 | | | | 6 | 4 | | | | | | ✓ | |
| | 6 | 初级会计电算化 | 102 | 4 | | | | | 6 | | | | | | ✓ | |
| | 7 | 统计认知与技术 | 68 | 4 | | | | | | | 4 | | | | ✓ | |
| | 8 | 审计认知与技术 | 72 | 4 | | | | | | 4 | | | | | ✓ | |
| | 9 | 企业财务会计实务 | 204 | 12 | | | 6 | 6 | | | 6 | | | | ✓ | |
| | 10 | 成本会计实务 | 102 | 6 | | | | | | | | 4 | | | ✓ | |
| | 11 | 财务管理实务 | 68 | 4 | | | | | | 4 | | | | | ✓ | |
| | 12 | 财务报表分析实务 | 72 | 4 | | | | | | | | 4 | 6 | | ✓ | |
| | 13 | 纳税申报与会计处理 | 72 | 6 | | | | | | | | | 4 | | ✓ | |
| | 14 | 常见财务软件操作应用 | 48 | 4 | | | | | | | | | 2 | | | ✓ |
| | 15 | 商务工作礼仪 | 24 | 2 | | | | | | | | | | | | ✓ |
| | | 专业平台课小计 | 1 502 | 92 | 10 | 10 | 8 | 12 | 12 | 10 | 10 | 8 | 12 | | | |

续表

| 类别 | 序号 | 课程名称 | 学时 | 学分 | 周课时及教学周安排 | | | | | | | | | | 考核方式 | |
|---|---|---|---|---|---|---|---|---|---|---|---|---|---|---|---|---|
| | | | | | 一 | 二 | 三 | 四 | 五 | 六 | 七 | 八 | 九 | 十 | 考试 | 考查 |
| | | | | | 18 | 18 | 18 | 18 | 18 | 18 | 18 | 18 | 18 | 18 | | |
| 专业模块课 | 1 | 涉外会计 | 140 | 8 | | | | | | | 4 | 4 | 4 | | | √ |
| | 2 | 金融会计 | 120 | 8 | | | | | | | | 4 | 4 | | | √ |
| | | 专业模块课小计 | 260 | 16 | | | | | | | | | | | | |
| 专业技能课 | 1 | 企业经营认知与流程项目实训（ERP） | 28 | 2 | | | | | 1周 | | | | | | | √ |
| 专业技能项目实训课 | 2 | 会计应用技术实训 | 56 | 4 | | | | 1周 | | | | | 1周 | | | √ |
| | 3 | 会计岗位项目实训 | 56 | 4 | | | | | | 1周 | 1周 | | | | | √ |
| | 4 | 财务预决算实训/财会软件应用 | 28 | 2 | | | | | | | 2 | 8 | 4 | | | √ |
| | 5 | 电算化会计核算实施与维护 | 28 | 2 | | | | | | | | | 1周 | | | √ |
| | 6 | 企业环境与会计认知 | 6 | | 1天 | | | | | | | | | | | √ |
| | | 专业技能项目实训课小计 | 202 | 14 | | | | | | | | | | | | |
| 顶岗实习 | 1 | 顶岗实习 | 540 | 27 | | | | | | | | | | 18周 | | √ |
| | | 专业技能课合计 | 2504 | 149 | 10 | 12 | 8 | 14 | 14 | 12 | 16 | 16 | 20 | 27 | | |

续表

| 类别 | 序号 | 课程名称 | 学时及学分 | | 周课时及教学周安排 | | | | | | | | | | 考核方式 | |
|---|---|---|---|---|---|---|---|---|---|---|---|---|---|---|---|---|
| | | | 学时 | 学分 | 一 | 二 | 三 | 四 | 五 | 六 | 七 | 八 | 九 | 十 | 考试 | 考查 |
| 任意选修课 | 1 | 会计基本核算技能、经济法、书法 | 68 | 4 | 18 | | | | | | | | | | | √ |
| | | 岗位实训、书法、市场营销 | 102 | 6 | | 18 | | | 4 | | | | | | | √ |
| | | 岗位实训、书法、财经应用文 | 102 | 6 | | | 18 | | | 6 | | | | | | √ |
| | | 管理会计、财经应用文、市场营销 | 72 | 4 | | | | 18 | | | 6 | | | | | √ |
| | | 会计综合实训、小企业会计制度、经济法 | 96 | 8 | | | | | | | | 4 | 8 | | | √ |
| | 2 | 社会实践 | 60 | 2 | 1周 | 1周 | 1周 | | | | | | | | | √ |
| 任选课合计 | | | 500 | 30 | | 1 | 1 | | 4 | 6 | 6 | 4 | 8 | | | |
| 其他类教育活动 | 1 | 军训、入学教育 | 50 | 2 | 1周 | | | | | | | | | | | √ |
| | 2 | 毕业设计(或毕业论文) | 120 | 4 | | | | | | | | | | 4周 | | √ |
| | | 其他类教育活动小计 | 170 | 6 | 2 | | | | | | | | | 4 | | |
| 合计 | | | 4 988 | 293 | 30 | 31 | 29 | 30 | 30 | 28 | 28 | 26 | 34 | 27 | | |

续表

| 类别 | 序号 | 课程名称 | 学时 | 学分 | 一 | 二 | 三 | 四 | 五 | 六 | 七 | 八 | 九 | 十 | 考试 | 考查 |
|---|---|---|---|---|---|---|---|---|---|---|---|---|---|---|---|---|
| 专业模块课 | 1 | 涉外会计 | 140 | 8 | | | | | | | 18 | | | | | √ |
| | 2 | 金融会计 | 120 | 8 | | | | | | 18 | | | | | | √ |
| | | 专业模块课小计 | 260 | 16 | | | | | | | | | | | | |
| 专业技能项目实训课 | 1 | 企业经营认知与流程项目实训（ERP） | 28 | 2 | | | | | 1周 | | | | | | | √ |
| | 2 | 会计应用技术实训 | 56 | 4 | | 1周 | | 1周 | | | | | | | | √ |
| | 3 | 会计岗位项目实训 | 56 | 4 | | | | | | 1周 | 1周 | | | | | √ |
| | 4 | 财务预决算实训/财会软件应用 | 28 | 2 | | | | | | | | 4 | 4 | 4 | | √ |
| | 5 | 电算化会计核算实施与维护 | 28 | 2 | | | | | | | | 8 | 4 | 4 | | √ |
| | 6 | 企业环境与会计认知 | 6 | | 1天 | | | | | | | | | | | √ |
| | | 专业技能项目实训课小计 | 202 | 14 | | 2 | | 2 | 2 | 2 | 2 | | | | | |
| 顶岗实习 | 1 | 顶岗实习 | 540 | 27 | | | | | | | | | 1周 | 18周 | | √ |
| | | 专业技能课合计 | 2 504 | 149 | 10 | 12 | 8 | 14 | 14 | 12 | 16 | 16 | 20 | 27 | | |

227

续表

| 类别 | 序号 | 课程名称 | 学时及学分 | | 周课时及教学周安排 | | | | | | | | | | 考核方式 | |
|---|---|---|---|---|---|---|---|---|---|---|---|---|---|---|---|---|
| | | | 学时 | 学分 | 一 | 二 | 三 | 四 | 五 | 六 | 七 | 八 | 九 | 十 | 考试 | 考查 |
| 任意选修课 | 1 | 会计基本核算技能、经济法、书法 | 68 | 4 | 18 | 18 | 18 | | | | | | | | | √ |
| | | 岗位实训、书法、市场营销 | 102 | 6 | | 18 | 18 | 18 | 4 | | | | | | | √ |
| | | 岗位实训、书法、财经应用文 | 102 | 6 | | | 18 | 18 | | 6 | | | | | | √ |
| | | 管理会计、财经应用文、市场营销 | 72 | 4 | | | | | | | 6 | 4 | | | | √ |
| | | 会计综合实训、小企业会计制度、经济法 | 96 | 8 | | | | | | | | | 8 | 18 | | √ |
| | 2 | 社会实践 | 60 | 2 | 1周 | 1周 | 1周 | | | | | | | | | |
| | 任选课合计 | | 500 | 30 | | 1 | 1 | | 4 | 6 | 6 | 4 | 8 | | | |
| 其他类教育活动 | 1 | 军训、入学教育 | 50 | 2 | 1周 | | | | | | | | | | | √ |
| | 2 | 毕业设计（或毕业论文） | 120 | 4 | | | | | | | | | 4周 | | | √ |
| | 其他类教育活动小计 | | 170 | 6 | 2 | | | | | | | | 4 | | | |
| 合计 | | | 4 988 | 293 | 30 | 31 | 29 | 30 | 30 | 28 | 28 | 26 | 34 | 27 | | |

228